Leichte Küche

mit Gabi Wolpensinger

Kochbuch für das Modell TM31

Veröffentlichungsrechte:
2009 Versand- u. Verlagsbuchhandlung Michaela Keller

Lektorat und Redaktion: Michaela Keller

Verlag: Versand- und Verlagsbuchhandlung M. Keller,
        Im Gaiern 10, 71287 Weissach-Flacht

Internet: http://www.tm-kochbuch.de
E-mail: info@keller-versandbuchhandlung.de

Satz & Layout: Versand- und Verlagsbuchhandlung M. Keller
Fotomaterial auf der Vorderseite Jamie Grill / Getty Images (Foto links unten) und Art Box Images / Getty Images (Foto rechts oben), Innenseiten: © Gabi Wolpensinger

ISBN 978-3-942777-00-1

2. überarbeitete Auflage November 2010

3. Auflage April 2013

Hinweis:

Die vorliegenden Rezepte können mit der Küchenmaschine TM 31 zubereitet werden. Alle in diesem Buch enthaltenen Angaben, Daten, Ergebnisse etc. wurden von der Autorin nach bestem Wissen erstellt und von ihr und dem Verlag mit größtmöglicher Sorgfalt überprüft. Eine Verantwortung und Haftung für etwaige inhaltliche Unrichtigkeiten kann jedoch nicht übernommen werden. Der Haftungsausschluss gilt nicht, soweit nach dem Produkthaftungsgesetz für Personen- und Sachschäden gehaftet wird. Jeder Leser muss beim Umgang mit den genannten Stoffen, Materialien, Geräten usw. Vorsicht walten lassen, Gebrauchsanweisungen und Herstellerhinweise beachten sowie den Zugang für Unbefugte verhindern.

Diät oder schmackhafte Küche?!

Wir alle kennen das Gefühl zu viele Kilos auf der Waage zu haben. Nach Weihnachten spannt plötzlich die Hose, man (frau) fühlt sich voll und mit sich unzufrieden.

Ich persönlich halte nichts von Diäten. Ich vertrete die Meinung, dass Essen schmecken und Spaß machen sollte. Hungern habe ich nie versucht, denn sobald ich eine Mahlzeit weglasse, bin ich nervös und unausstehlich.

Ich habe gelernt, mein Gewicht langsam zu reduzieren und längerfristig zu halten. Wie?

Um Bewegung kommt man nicht herum. Ich bin kein Sportfreak, aber zweimal in der Woche eine halbe Stunde laufen tut gut. In einer halben Stunde verbrennt man ca. 200 kcal. Das halte ich mir vor Augen, wenn ich mir zum Kaffee einen „süßen Punkt" gönne.

Die zweite Regel ist „viel trinken". Mineralwasser und Tee. Abends trinke ich gerne einen Becher fettarmen Kefir. Es tut meine Darmflora gut und sättigt bei wenig Kalorien.

Und drittens koche ich viel Gemüse, Kartoffeln und Reis. Beim Kochen achte ich auf die Zutaten. Lernen Sie gewohnte Zutaten gegen fettarme auszutauschen. Beim Kauf von Käse achten Sie auf die Fettstufe. Viele Sorten bekommt man bereits als Magerstufe oder halbfett.

Wenn man genau auf Kalorien achten will, halte ich Produkte wie „Cremefine" für eine gute Alternative. Sie ist ideal für die leichte Küche. Statt Sahne eignet sich *Cremefine zum Schlagen* (19% Fett) sehr gut oder für Soßen ist *Cremefine zum Kochen* (15% Fett) ideal. *Cremefine zum Verfeinern* ist wie Crème fraîche oder Schmand zu verwenden (15% Fett).

Und noch ein Tipp zum Schluss. Zum Abendessen wenig Kohlenhydrate und hauptsächlich Eiweiße. Zum Frühstück halten Sie es umgekehrt. Mit Hilfe unserer Energiewerte in den Rezepten ist es kein Problem.

(Ihre Verlegerin)

Abkürzungen:

MB - Messbecher, mit dem man den Topfdeckel verschließt (100 ml)
Garstufe - die höchste Temperaturstufe (Varomastufe)
Msp. - Messerspitze
TL - Teelöffel
EL - Esslöffel
Energiewerte sind für **100 g Portion** angegeben. Benutzer von **WW-Punkten** finden hier alle Angaben, die für eine Berechnung der Punkte mit dem Kalkulator notwendig sind. Rezepte sind für 4 Portionen berechnet.

~ INHALT ~

Salate und Dips

Thunfischsalat

1 Knoblauchzehe	in den Mixtopf geben und **5 Sekunden / Stufe 5** zerkleinern.
1 Dose Thunfisch, im eigenen Saft (150 g)	Saft abgießen und zugeben.
1 Handvoll Petersilie,	ohne Stiel,
je 1 grüne und rote Paprika,	in Stücken,
1 Dose Mais, (285 g)	abtropfen lassen,
2 feste Tomaten	halbieren.
10 g Senf, mittelscharf	
20 g Olivenöl	
20 g Apfelessig	
1 gestr. TL Salz, Pfeffer	
15 Tropfen Tabasco	Alle restlichen Zutaten zugeben und **4 Sekunden / Stufe 4** mithilfe des Spatels zerkleinern. Kräftig abschmecken!

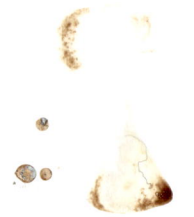

ENERGIE: 89,75 KCAL / 375,59 KJ	EIWEISS: 5,01 G	FETT: 4,98 G
KOHL.HYD.: 5,92 G	BE: 0,49	BALLASTSTOFFE: 2,15 G

je 100g

Salat mit Filetstreifen

200 g Hähnchenbrustfilet
Salz & Pfeffer & Curry
Rosenpaprika, scharf
1 EL Sonnenblumenöl

Das Fleisch in Streifen schneiden, mit Gewürzen und Öl einreiben.

In Garkörbchen legen.

300 g heißes Wasser
½ TL Salz

mit
in den Mixtopf geben, das Garkörbchen einhängen.
20 Minuten / Garstufe / Stufe 2
garen.
Abkühlen lassen.

½ Zwiebel

in den Mixtopf geben.

1 rote Paprika
1 Möhre
1 Apfel
1 Dose Mais
50 g Buttermilch
5 g Meerrettich,
(aus dem Glas)
Saft 1 Zitrone
Salz & Pfeffer
1 Msp. gem. Ingwer
10 g Sonnenblumenöl

abtropfen lassen.

Alle Zutaten in den Mixtopf zu der Zwiebel geben und **4 Sekunden / Stufe 4-5** vermischen.

½ Eisbergsalat

waschen und auf Teller verteilen. Gemüse und die Brustfiletstreifen darübergeben.

je 100g

ENERGIE: 81,81 KCAL / 342,19 KJ	EIWEISS: 5,2 G	FETT: 3,09 G
KOHL.HYD.: 7,94 G	BE: 0,66	BALLASTSTOFFE: 2,26 G

| 1 Birne | entkernen, in Spalten schneiden. Zur Dekoration gefächert darüberlegen. |
| 20 g Walnusskerne | im Mixtopf **3 Sekunden / Stufe 4** zerkleinern.
Dann **3 Minuten / Garstufe / Stufe 1** leicht rösten.
Über den Salat streuen. |

Mexikanischer Salat

100 g Reis, parboiled	in das Garkörbchen geben und waschen.
120 g Erbsen & Karotten (frisch oder gefroren)	frisches Gemüse klein würfeln und zugeben.
800 g heißes Wasser *2 TL gekörnte Gemüsebrühe*	mit in den Mixtopf geben, das Garkörbchen einsetzen und den Topf verschließen. Den Messbecher auflegen. **30 Minuten / Garstufe / Stufe 2** garen. Abkühlen lassen.
100 g Mais (aus der Dose)	in eine Salatschüssel geben.
1 kleine Zwiebel *50 g Sellerie*	mit im Mixtopf **5 Sekunden / Stufe 5** zerkleinern.

1 Handvoll Petersilie, ohne
Stiel
100 g Gurke, in Stücken
1 gelbe Paprika, in Stücken
2 feste Tomaten, halbiert
30 g Apfelessig
20 g scharfer Senf
1 gestr. TL Salz
Pfeffer
10 g Olivenöl

Alle restlichen Zutaten zugeben und **4 Sekunden / Stufe 4** zerkleinern.

Unter den Reis und das Gemüse mischen und gut abschmecken.

ENERGIE: 35,89 KCAL / 150,54 KJ	EIWEISS: 1,44 G	FETT: 1,01
KOHL.HYD.: 4,98 G	BE: 0,41	BALLASTSTOFFE: 1,47 G

je 100g

Paprika-Aufstrich

1 Knoblauchzehe

in den Mixtopf geben. **5 Sekunden / Stufe 5** zerkleinern.

100 g rote Paprika
100 g gelbe Paprika
1 rote Peperoni

Paprika in Stücke schneiden, mit Peperoni in den Mixtopf zugeben und **5 Sekunden / Stufe 5** zerkleinern. Die Flüssigkeit abgießen.

200 g Frischkäse, Magerstufe
½ TL Rosenpaprika, scharf
½ TL Salz
1 Msp. Pfeffer

Restliche Zutaten zugeben und **5 Sekunden / Stufe 3** vermischen.

je 100g

ENERGIE: 59,61 KCAL / 248,81 KJ	EIWEISS: 7,28 G	FETT: 0,75 G
KOHL.HYD.: 5,29 G	BE: 0,44	BALLASTSTOFFE: 1,92 G

Spargelsalat

8 Eier	in das Garkörbchen legen.
500 g weißer Spargel	das holzige Ende abschneiden, schälen und in Stücke teilen. In den Garaufsatz geben.
½ Liter heißes Wasser *½ TL Salz*	und in den Mixtopf geben, Garkörbchen einhängen. Den Topf verschließen und den Garaufsatz aufsetzen. **25 Minuten / Garstufe / Stufe 2** garen.
	Die Eier kalt abschrecken und schälen. Den Spargel abtropfen lassen.

Dressing:

5 Blätter Basilikum	in den Mixtopf geben und **3 Sekunden / Stufe 5** zerkleinern.
1 Schalotte *1 EL Kapern*	schälen, halbieren und mit den Kapern in den Mixtopf geben. **3 Sekunden / Stufe 6** zerkleinern.
1 hart gekochtes Ei *50 g Balsamico bianco* *5 g körniger Senf* *Salz & Pfeffer* *5 g Akazienhonig* *20 g Olivenöl*	Alle Zutaten zugeben und **4 Sekunden / Stufe 5** mischen. Abschmecken!
100 g Rucola	putzen, waschen und trockenschütteln. Auf einer Platte verteilen.
100 g Cocktailtomaten	waschen und auf der Platte verteilen. Spargel zugeben. Dressing darüber geben.
7 Eier, hart gekocht	schälen, der Länge nach halbieren und Eigelb herausnehmen.

(Fortsetzung Seite 16)

je 100g

ENERGIE: 91,95 KCAL / 385,92 KJ	EIWEISS: 6,02 G	FETT: 5,88 G
KOHL.HYD.: 3,6 G	BE: 0,22	BALLASTSTOFFE: 1,10 G

10 g Sauerrahm, 10% Fett
5 g Senf, mittelscharf
20 g Ketchup, scharf
5 Tropfen Tabasco
Salz & Pfeffer
Rosenpaprika

Die gekochten Eigelbe mit den restlichen Zutaten in den Mixtopf geben und **5 Sekunden / Stufe 4** vermischen.

Die Masse mit einem Spritzbeutel in die ausgehöhlten Eihälften spritzen.

¼ Bund Schnittlauch — in feine Röllchen schneiden und über die gefüllten Eier streuen.

Paprikasalat scharf-süß

1 Handvoll Petersilie, ohne Stiel
je 1 rote, grüne und gelbe Paprika
2 Frühlingszwiebeln
100 g Pfirsiche (aus der Dose)
1 TL Salz
Cayennepfeffer
1 TL Rosenpaprika, scharf
1 rote eingelegte Peperoni
30 g Tomatenketchup
20 g Aceto Balsamico
10 g Olivenöl
10 g Sherry

in grobe Stücke schneiden,

in Röllchen schneiden,
abtropfen lassen,

je 100g

ENERGIE: 57,58 KCAL / 241,4 KJ	EIWEISS: 1,2 G	FETT: 1,8 G
KOHL.HYD.: 8,31 G	BE: 0,68	BALLASTSTOFFE: 2,97 G

Alle Zutaten in den Mixtopf geben und mithilfe des Spatels **5 Sekunden / Stufe 4** vermischen.

Mit ein paar Stückchen Paprika dekorieren und mit Petersilie bestreuen.

Apfel-Birnen-Quark

1 Apfel & 2 Birnen	Obst waschen und Kerngehäuse herausschneiden. In den Mixtopf geben und **4 Sekunden / Stufe 3-4** zerkleinern.
300 g Magerquark *200 g Sauerrahm, 10% Fett* *30 g Akazienhonig* *40 g Zitronensaft*	Restliche Zutaten zugeben und **6 Sekunden / Stufe 4** vermischen.
50 g Sonnenblumenkerne	in einer Pfanne ohne Fett anrösten und über den Quark streuen.

je 100g

ENERGIE: 107,55 KCAL / 450,63 KJ	EIWEISS: 5,76 G	FETT: 4,77 G
KOHL.HYD.: 10,11 G	BE: 0,84	BALLASTSTOFFE: 1,29 G

Erdbeer-Mangomarmelade

500 g Erdbeeren
200 g frisches Mangofleisch
250 g Gelierfruchtzucker 3:1
(z. B. Dr. Oetker)

Alle Zutaten in den Mixtopf geben und **5 Sekunden / Stufe 6** zerkleinern. Dann **10 Minuten / 100°C / Stufe 3** kochen.

 *Tipp:*

Ca. um 40% Kalorien spart man, indem man 3:1 Fruchtzucker verwendet. Fruchtzucker süßt um 1/3 mehr als Rüben- oder Rohrzucker.

je 100g

ENERGIE: 133,16 KCAL / 565,68 KJ	EIWEISS: 0,55 G	FETT: 0,31 G
KOHL.HYD.: 31,38 G	BE: 0,47	BALLASTSTOFFE: 1,59 G

Gemüsesticks mit Dips

Möhren, Gurke und Paprika in Stifte
schneiden. Stangensellerie in 5 cm
lange Stücke teilen. In dekorierte Gläser
verteilen.

Ketchup-Dip

100 g scharfer
Tomatenketchup
10 g Senf, mittelscharf
30 g Mayonnaise
Rosenpaprika, scharf   Alle Zutaten **8 Sekunden / Stufe 6**
5 Basilikumblättchen   vermischen.

ENERGIE: 241,6 KCAL / 1011,54 KJ	EIWEISS: 2,35 G	FETT: 17,9 G
KOHL.HYD.: 17,94 G	BE: 1,49	BALLASTSTOFFE: 0,89 G

je 100g

Käse-Dip

100 g Frischkäse, Magerstufe
50 g halbfester Schnittkäse
(Dreiviertelfettstufe) z.B.
Blauschimmelkäse
½ reife Birne
Cremefine zum Schlagen   Alle Zutaten **5 Sekunden / Stufe 5**
Salz & Pfeffer   vermischen.

ENERGIE: 113,07 KCAL / 472,29 KJ	EIWEISS: 11,41 G	FETT: 4,88 G
KOHL.HYD.: 5,62 G	BE: 0,44	BALLASTSTOFFE: 0,82 G

je 100g

Schafskäse–Dip

1 Knoblauchzehe	in den Mixtopf geben und **5 Sekunden / Stufe 5** zerkleinern.
100 g Sauerrahm, 10% Fett *100 g Fetaschafskäse* *40 g eingelegte getr. Tomaten* *20 g Oliven, ohne Kern* *Pfeffer*	Alle Zutaten zugeben **10 Sekunden / Stufe 5** vermischen.

je 100g

ENERGIE: 169,68 KCAL / 711,29 KJ	EIWEISS: 8,71 G	FETT: 12,97 G
KOHL.HYD.: 4,06 G	BE: 0,14	BALLASTSTOFFE: 0,20 G

Vitaminsalat

20 g Pinienkerne	in den Mixtopf geben. **3 Minuten / Garstufe / Stufe 1** anrösten. Umfüllen,
10 g Rosinen	in den Mixtopf geben und **5 Sekunden / Stufe 9** zerkleinern.
200 g Möhren *100 g Sellerie*	und in den Mixtopf zugeben. **5 Sekunden / Stufe 5** zerkleinern.

300 g Ananasstücke
Saft 1 Orange
10 g Zitronensaft
geröstete Pinienkerne
50 g Trauben, ohne Kerne
je 1 TL Salz & Pfeffer
Tabasco
20 g Sonnenblumenöl

Restliche Zutaten in den Mixtopf zugeben und **10 Sekunden / Stufe 1** vermischen.

ENERGIE: 92,06 KCAL / 385,55 KJ	EIWEISS: 1,4 G	FETT: 3,91 G
KOHL.HYD.: 12,3 G	BE: 1,02	BALLASTSTOFFE: 2,18 G

Gemüse-Tatar

½ Bund Schnittlauch

in 3 cm lange Stücke schneiden und auf das laufende Messer auf **Stufe 5** durch die Deckelöffnung werfen.

50 g Möhre, in Stücken
50 g Kohlrabi, in Stücken
50 g rote Paprika, in Stücken

Das Gemüse zugeben und **5 Sekunden / Stufe 5** zerkleinern.

(Fortsetzung Seite 24)

200 g Hüttenkäse, light
Salz & weißer Pfeffer
10 g Zitronensaft

Die restlichen Zutaten zugeben und
5 Sekunden / Stufe 4 vermischen.

Tipp: Bagels aufschneiden, mit Tatar
bestreichen und den Deckel wieder
draufsetzen.

je 100g

ENERGIE: 60,27 KCAL / 252,89 KJ	EIWEISS: 7,94 G	FETT: 0,9 G
KOHL.HYD.: 4,58 G	BE: 0,38	BALLASTSTOFFE: 1,29 G

Salamiaufstrich

(Foto Seite 24)

20 g Pinienkerne	in den Mixtopf geben und **3 Minuten / Garstufe / Stufe 1** anrösten. Umfüllen.
30 g Parmesan, light	in den Mixtopf geben und **10 Sekunden / Stufe 9** zerkleinern.
50 g fettarme Salami 20 g getr. eingelegte Tomaten 5 g Aceto Balsamico 200 g Frischkäse, light Salz & Pfeffer angeröstete Pinienkerne	Alle restlichen Zutaten in den Mixtopf geben und **8 Sekunden / Stufe 5** mischen.

Tipp: Vollkornbrot mit der Creme betreichen und mit Rucola und Cocktailtomaten belegen!

je 100g

ENERGIE: 193,59 KCAL / 809,7 KJ	EIWEISS: 16,1 G	FETT: 12,06 G
KOHL.HYD.: 4,67 G	BE: 0,31	BALLASTSTOFFE: 0,53 G

Möhren-Frischkäseaufstrich

1 Handvoll Petersilie, ohne Stiel	in den Mixtopf geben und **3 Sekunden / Stufe 5** zerkleinern. Umfüllen.
200g Möhren	schälen, in Stücken in den Mixtopf geben.
20 g Mandeln	zugeben und **4 Sekunden / Stufe 5** zerkleinern.
200 g körniger Frischkäse (Magerstufe) 10 g Apfelessig Kräutersalz & Pfeffer	Restliche Zutaten zugeben und **8 Sek. / Stufe 3** vermischen. In eine Schüssel umfüllen. Mit der zerkleinerten Petersilie bestreuen.

je 100g

ENERGIE: 76,67 KCAL / 321,44 KJ	EIWEISS: 7,46 G	FETT: 3,21 G
KOHL.HYD.: 4,13 G	BE: 0,34	BALLASTSTOFFE: 2,42 G

Radieschencreme

1 Bund Radieschen	Schnittlauch in 2 cm lange Stücke
½ Bund Schnittlauch	schneiden und mit den Radieschen in den Mixtopf geben. **3 Sekunden / Stufe 6** zerkleinern.
80 g Sauerrahm, 10% Fett	
150 g Magerquark	
½ TL Salz	Restliche Zutaten zugeben und
frisch gem. Pfeffer	**5 Sekunden / Stufe 6** vermischen.

je 100g

ENERGIE: 70,68 KCAL / 295,49 KJ	EIWEISS: 7,65 G	FETT: 2,82 G
KOHL.HYD.: 3,36 G	BE: 0,28	BALLASTSTOFFE: 0,49 G

Frischkäseaufstrich

1 Knoblauchzehe	in den Mixtopf geben und **5 Sekunden / Stufe 5** zerkleinern.
40 g Möhre, in Stücken	
20 g Salatgurke, in Stücken	
30 g Radieschen	Gemüse und Kräuter zugeben und
10 g gemischte Kräuter	**5 Sekunden / Stufe 5** zerkleinern.
200 g körniger Frischkäse, Magerstufe	
Salz	Die restlichen Zutaten zugeben und
Rosenpaprika, scharf	**5 Sekunden / Stufe 4** vermischen. Abschmecken!

je 100g

ENERGIE: 63,65 KCAL / 267,39 KJ	EIWEISS: 9,24 G	FETT: 1,03 G
KOHL.HYD.: 3,92 G	BE: 0,33	BALLASTSTOFFE: 0,92 G

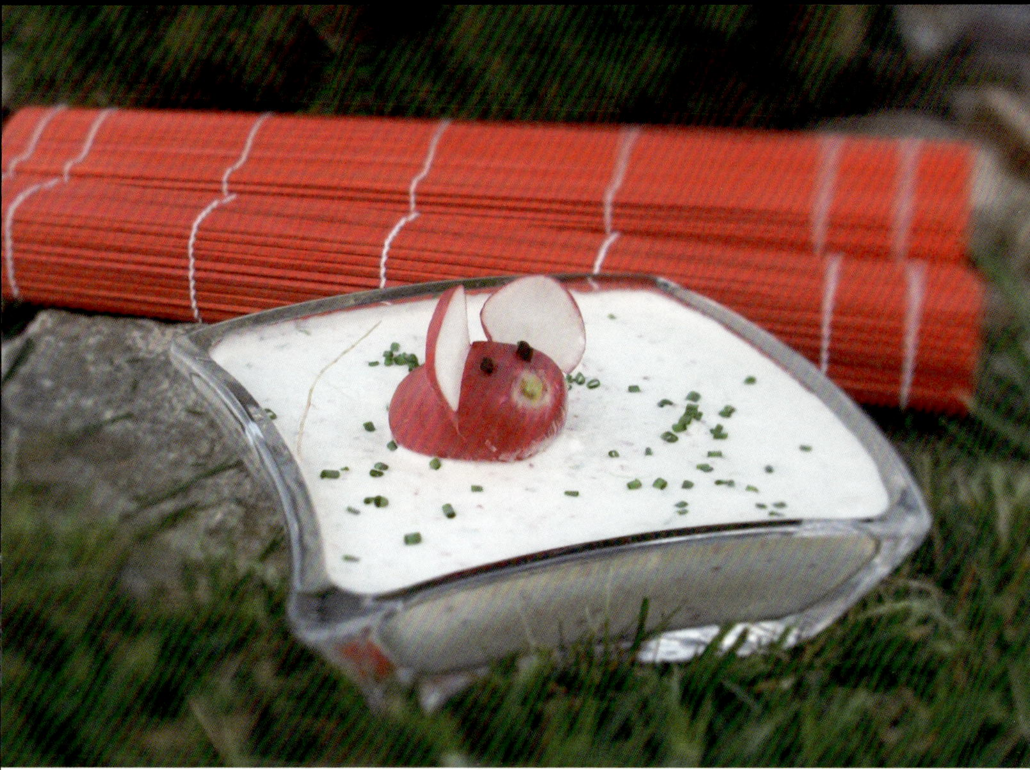

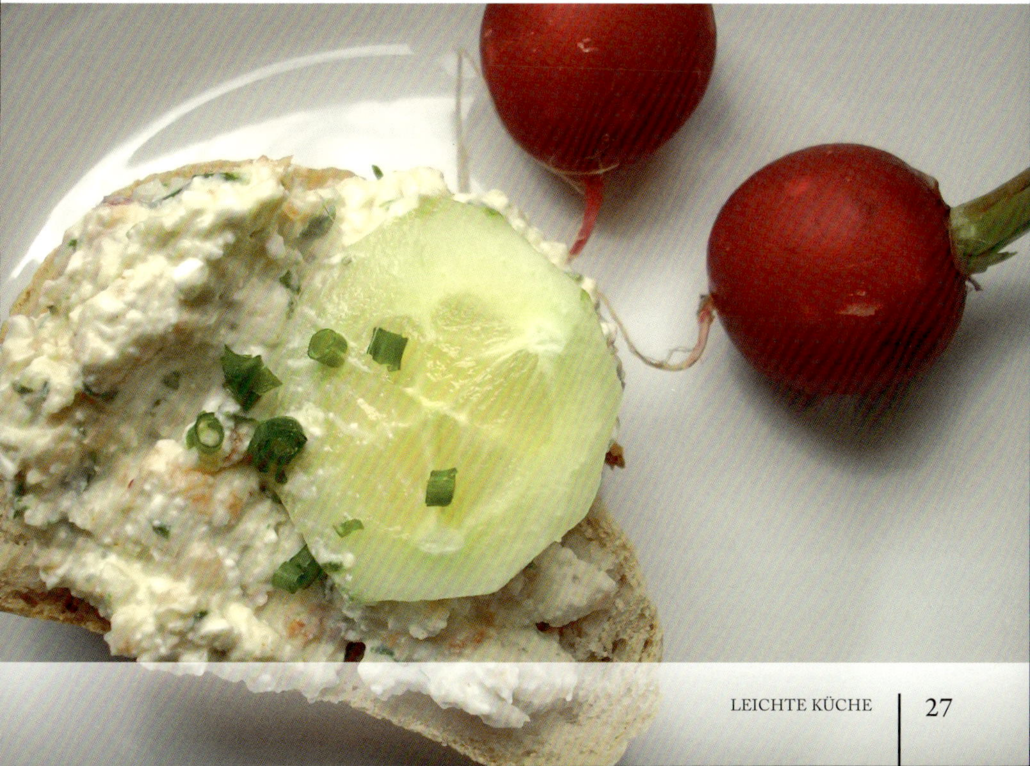

Weißkrautrohkost

150 g Weißkraut, in Stücken
1 roter Apfel, entkernt
100 g rote Paprika
50 g Zucchini
80 g Ananas, mit etwas Saft
80 g Hartkäse, Magerstufe
80 g Joghurt, 1,5% Fett
15 g Obstessig
Salz & Pfeffer
10 g Sonnenblumenöl

Alle Zutaten in Stücken in den Mixtopf geben und **6 Sekunden / Stufe 4-5** mithilfe des Spatels zerkleinern.

je 100g

ENERGIE: 69,15 KCAL / 289,02 KJ	EIWEISS: 5,6 G	FETT: 1,8 G
KOHL.HYD.: 7,05 G	BE: 0,59	BALLASTSTOFFE: 1,70 G

Geflügelleberaufstrich

1 Zwiebel — schälen, halbieren und in den Mixtopf geben. **5 Sekunden / Stufe 5** zerkleinern.

10 g Olivenöl — zugeben und **3 Minuten / Garstufe / Stufe 1** die Zwiebel andünsten.

100 g Hühnerleber — mit kaltem Wasser abwaschen, mit Küchenkrepp abtrocknen. In den Mixtopf geben.

200 g Hähnchenbrustfilet
1 EL Kapern
1 TL eingel. Pfefferkörner
50 g Möhre, in Stücken
1 Frühlingszwiebel, in Stücken
1 TL gekörnte Gemüsebrühe

Das Fleisch würfeln, mit Gewürz und dem Gemüse in den Mixtopf zugeben. **5 Minuten / Garstufe / Stufe 1** kochen.

(Fortsetzung Seite 30)

30 g Roséwein	Alle restlichen Zutaten zugeben und
180 g Wasser	**15 Minuten / Garstufe / Stufe 1**
je ¼ TL Majoran & Thymian	kochen.
30 g Tomatenmark	Flüssigkeit abgießen und den Topf

30 g Roséwein
180 g Wasser
je ¼ TL Majoran & Thymian
30 g Tomatenmark

Alle restlichen Zutaten zugeben und
15 Minuten / Garstufe / Stufe 1
kochen.
Flüssigkeit abgießen und den Topf
ca. ½ Stunde abkühlen lassen.

Dann alles **20 Sekunden / Stufe 8**
pürieren.

Mit
Salz & Pfeffer abschmecken.

je 100g

ENERGIE: 119,24 KCAL / 499,04 KJ	EIWEISS: 14,37 G	FETT: 4,04 G
KOHL.HYD.: 4,97 G	BE: 0,41	BALLASTSTOFFE: 1,11 G

Suppen

| LEICHTE KÜCHE

Bärlauchsuppe

1 Frühlingszwiebel	in Stücken in den Mixtopf geben. **5 Sekunden / Stufe 5** zerkleinern.
50 g Butter, halbfett	zugeben und **2 Minuten / Garstufe / Stufe 2** erhitzen.
200 g Salatgurke *250 g Kartoffeln (geschält)*	und in großen Stücken in den Mixtopf geben. **5 Sekunden / Stufe 5** zerkleinern.
800 g heißes Wasser *3 gehäufte TL Gemüsebrühe* *Pfeffer* *100 g Roséwein*	Wasser und Gewürze mit Wein zugeben. **15 Minuten / 100°C / Stufe 2** kochen.
250 g Schmand (20% Fett)	durch die Deckelöffnung zugeben. Noch **2 Minuten / 100°C / Stufe 2** erhitzen.
1 Bund Bärlauch	gewaschen zugeben und **15 Sekunden / Stufe 10** pürieren.
Salz & Pfeffer	Mit abschmecken und sofort servieren.

Variante:	Servieren Sie die Suppe mit angebratenen Garnelen.
Wichtig:	den Bärlauch nicht mitkochen, da sich die grüne Farbe in grau verfärbt.

---

je 100g

ENERGIE: 68,35 KCAL / 286,67 KJ	EIWEISS: 1,70 G	FETT: 4,47 G
KOHL.HYD.: 4,05 G	BE: 0,34	BALLASTSTOFFE: 0,85 G

LEICHTE KÜCHE

Brokkolicremesuppe

1 Knoblauchzehe *2 Frühlingszwiebel,* *in Stücken geschnitten*	Knoblauch und Zwiebeln in den Mixtopf geben und **4 Sekunden / Stufe 5** zerkleinern.
20 g Olivenöl	zugeben und **2 ½ Minuten / Garstufe / Stufe 1** andünsten.
500 g Brokkoli	putzen, in Röschen teilen und waschen. Bis auf 8 Röschen den Rest in Mixtopf geben. **10 Sekunden / Stufe 5** zerkleinern.
1 Liter heißes Wasser *3 geh. TL gekörnte* *Gemüsebrühe* *30 g Mehl Type 1050* *Salz & Pfeffer*	Den Mixtopf mit Wasser auffüllen, Mehl und Gewürze zugeben. Das Garkörbchen mit den nicht zerkleinerten Brokkoliröschen einsetzen und **18 Min. / 100°C / Stufe 2** kochen.
	Nach Ende der Garzeit das Körbchen herausnehmen und die Brokkoliröschen warmstellen.
100 g Sauerrahm, 10% Fett *100 g Fetaschafskäse light* *10 Basilikumblätter*	mit und in den Mixtopf geben. **20 Sekunden / Stufe 10** pürieren und noch **2 Minuten / 100°C / Stufe 2** erhitzen.
	Nochmals abschmecken und mit Basilikumblättchen garniert sofort servieren!
Tipp:	Mit einer Prise gemahlener Muskatnuss verfeinern.

je 100g

ENERGIE: 50,61 KCAL / 212,44 KJ	EIWEISS: 2,75 G	FETT: 3,16 G
KOHL.HYD.: 2,74 G	BE: 0,23	BALLASTSTOFFE: 1,12 G

Toskanische Gemüsesuppe

50 g Parmesan, light	in den Mixtopf geben und **10 Sekunden / Stufe 10** zerkleinern. Umfüllen!
1 Zwiebel *1 Knoblauchzehe*	halbieren und mit in den Mixtopf geben. **5 Sekunden / Stufe 5** zerkleinern.
10 g Olivenöl	zugeben und **3 Minuten / Garstufe / Stufe 1** dünsten.
200 g Weißkraut, in Stücken	zugeben und **5 Sekunden / Stufe 4-5** zerkleinern.
150 g Möhren	schälen, in Scheiben geschnitten zugeben.
50 g Staudensellerie	Fäden abziehen und in Scheiben geschnitten zugeben.
1 Dose Pizzatomaten *200 g Kartoffeln, gewürfelt* *700 g heißes Wasser* *30 g Tomatenmark* *3 geh. TL Gemüsebrühe* *Salz & Pfeffer*	Restlichen Zutaten zugeben und **25 Minuten / 100°C / Stufe 1** garen. Den Topfdeckel mit dem Messbecher verschließen.
Basilikumblättchen, *grob geschnitten*	Suppe in Teller füllen, mit und mit dem zerkleinerten Parmesan bestreuen. Sofort servieren!

ENERGIE: 34,61 KCAL / 144,92 KJ	EIWEISS: 2,05 G	FETT: 1,35 G
KOHL.HYD.: 3,37 G	BE: 0.28	BALLASTSTOFFE: 1,22 G

je 100g

Indische Möhrencremesuppe

2 cm großes Stück Ingwer *1 kleine rote Chilischote*	Ingwer schälen, Chilischote entkernen, beides in den Mixtopf geben. **5 Sekunden / Stufe 8** zerkleinern.
50 g Zwiebeln	schälen, halbiert zugeben. **3 Sekunden / Stufe 5** zerkleinern.
10 g Olivenöl	zugeben und **3 Minuten / Garstufe / Stufe 1** andünsten.
450 g Karotten *250 g Kartoffeln*	und beides grob gewürfelt zugeben und **5 Sekunden / Stufe 5** zerkleinern.
800 g heißes Wasser *3 TL Gemüsebrühe* *1 MB (100 g) Orangensaft* *Pfeffer*	Restliche Zutaten zugeben, mit Gewürzen abschmecken. **25 Minuten / 100°C / Stufe 2** kochen.
1 Handvoll Petersilie, *ohne Stiel* *150 g Sauerrahm, 10% Fett* *Salz & Pfeffer*	Kräuter und Rahm zugeben und **20 Sekunden / Stufe 10** pürieren. Nochmals **2 Minuten / 100°C / Stufe 2** kochen lassen. Abschmecken!

 *Tipp:* Frisches Brot schmeckt super dazu!

ENERGIE: 38,73 KCAL / 161,96 KJ	EIWEISS: 1,18 G	FETT: 1,61 G
KOHL.HYD.: 4,63 G	BE: 0,38	BALLASTSTOFFE: 1,57 G

je 100g

Kalte Gemüsesuppe (New York)

1 Knoblauchzehe	mit
10 Basilikumblättchen	in den Mixtopf geben. **3 Sekunden / Stufe 7** zerkleinern.
1 gelbe u. rote Paprika	entkernen, in Stücken in den Mixtopf geben.
1 kleine rote Zwiebel	halbieren, zugeben.
½ Salatgurke	schälen, in Stücken zugeben und alles **8 Sekunden / Stufe 4-5** zerkleinern. Ca. ¼ des Gemüse zum Garnieren in eine Schüssel umfüllen.
750 g Tomaten	vierteln, Stielansatz herausschneiden, in den Mixtopf geben.
60 g Weißbrot vom Vortag	grob gewürfelt zugeben.
40 g Balsamico bianco Saft ½ Zitrone 5 g (1 TL) Akazienhonig 40 g Olivenöl je 2 geh. TL Salz & Pfeffer 1 TL gekörnte Gemüsebrühe ½ Palette Eiswürfel	Restliche Zutaten zugeben und **1 Minute / Stufe 10** pürieren. Abschmecken.

Croûtons:

3 Scheiben Toastbrot	würfeln.
1 EL Knoblauchbutter	in einer Pfanne erhitzen und Toastwürfel kross anrösten. Mit
Pfeffer & Paprika	würzen und abkühlen lassen.
	In Teller servieren und mit den zurückbehaltenen Gemüsestückchen und Knoblauchcroûtons bestreuen.

je 100g

ENERGIE: 72,74 KCAL / 305,73 KJ	EIWEISS: 1,49 G	FETT: 3,94 G	
KOHL.HYD.: 7,56 G	BE: 0.58	BALLASTSTOFFE: 1,48 G	

Kalte Kräutersuppe

400 g Salatgurke
1 Handvoll Kräuter
(Dill, Kresse, Petersilie)

schälen, in Stücken mit den Kräutern in den Mixtopf geben.
8 Sekunden / Stufe 6 zerkleinern.

500 g Buttermilch
3 TL Meerrettich
je 1 geh. TL Salz & Pfeffer
1 TL gekörnte Gemüsebrühe
150 g Sauerrahm, 10% Fett

Restliche Zutaten zugeben und
20 Sekunden / Stufe 10 pürieren.
Abschmecken.

 Tipp: Servieren Sie die Suppe mit gerösteten Knoblauchbrot! Dazu 2 zerdrückte Knoblauchzehen und 1 entkernte und klein geschnittene Chillischote in eine Pfanne geben und mit 1 EL Olivenöl kurz andünsten. Dann Scheiben von Weißbrot in dem aromatisierten Öl anrösten.

ENERGIE: 39.63 KCAL / 165,64 KJ	EIWEISS: 2,32 G	FETT: 1,74 G
KOHL.HYD.: 3,26 G	BE: 0.27	BALLASTSTOFFE: 0,30 G

je 100g

LEICHTE KÜCHE

Hauptgerichte

Senf-Fisch

125 g Mozzarella, light (30% Fett i.Tr.)	in den Mixtopf geben, **8 Sekunden / Stufe 5** zerkleinern.
	Umfüllen.
200 g Reis	in das Garkörbchen geben und durchspülen.
500 g Fischfilet, z. B. Kabeljau *Saft 1 Zitrone* *Salz & Pfeffer* *ca. 2 EL körniger Senf*	heiß abwaschen, mit säuern, beidseitig würzen und mit dem Senf bestreichen. Im Einlegeboden nebeneinander legen. Auf Luftschlitze achten!
1 große Zwiebel *70 g Möhre*	schälen und mit in den Mixtopf geben und **3 Sekunden / Stufe 5** zerkleinern,
70 g gewürfelter Speck *1 EL körniger Senf* *1 TL gekörnte Gemüsebrühe* *Cayennepfeffer*	Speck mit Gewürzen und Senf zugeben und **6 Sekunden / Stufe 2** mischen. Die Masse über dem Fisch verteilen.
	Zerkleinerten Mozzarella darüberstreuen.
Salz & Pfeffer	Mit würzen.
1 Liter heißes Wasser *30 g Roséwein* *2 TL gekörnte Gemüsebrühe*	Alle Zutaten in den Mixtopf geben, das Garkörbchen mit dem Reis einsetzen, Topf verschließen, Garaufsatz mit dem Fisch aufsetzen. **35 Minuten / Garstufe / Stufe 2** garen.

ENERGIE: 97,89 KCAL / 409,77 KJ	EIWEISS: 10,09 G	FETT: 3,53 G
KOHL.HYD.: 5,74 G	BE: 0,48	BALLASTSTOFFE: 0,45 G

je 100

Soße:

Brühe	im Mixtopf belassen.
100 g Sauerrahm, 10% Fett	
20 g Mehl Type 405	Alle Zutaten für die Soße in den Mixtopf
Pfeffer	geben und **2 Minuten / 100°C /**
10 g körniger Senf	**Stufe 4** kochen.
3 EL frischer Kräuter	Abschmecken!

Fischfilet mit Pesto

Pesto:

50 g Parmesan, in Stücken 20 g Pinienkerne je 1 Handvoll Petersilie und Basilikum, ohne Stiel	Parmesan, Pinienkerne und Kräuter in den Mixtopf geben. **5 Sekunden / Stufe 9** zerkleinern.
20 g Olivenöl ½ TL Salz, Pfeffer	Beides zugeben und **5 Sekunden / Stufe 4** vermischen. Umfüllen!
1000 g heißes Wasser 2 geh. TL gekörnte Gemüsebrühe	Wasser und Brühe in den Topf zugeben.
200 g Reis 100 g Tomaten, gewürfelt	mit in das Garkörbchen geben.
100 g Champignons	putzen, in Scheiben schneiden und zugeben,
Die Hälfte des Pestos	zu dem Reis geben und alles untereinander mischen. Das Garkörbchen einsetzen. Den Topf verschließen.
500 g Pangasius - Fischfilet 20 g Balsamico bianco	Den Garaufsatz auf den Deckel aufsetzen. Den Fisch in den Einlegeboden legen. Mit dem Balsamico säuern und mit dem restlichen Pesto bestreichen.
125 g Mozzarella light (30% Fett i.Tr.)	in Scheiben schneiden und über den Fisch legen.
Salz & Pfeffer	Mit würzen. Den Garaufsatz verschließen. **30 Minuten / Garstufe / Stufe 2** kochen.

je 100 g

ENERGIE: 100,15 KCAL / 418,73 KJ	EIWEISS: 8,42 G	FETT: 5,21 G
KOHL.HYD.: 4,69 G	BE: 0,36	BALLASTSTOFFE: 0,4 G

Soße:

Brühe	im Mixtopf zurückbehalten.
100 g saure Sahne	
Salz & Pfeffer	
10 g Balsamico bianco	Restliche Zutaten zugeben und **2 Minu-**
20 g Mehl	**ten / 100°C / Stufe 4** kochen.

Abschmecken!

Hühner-Frikassee

1400 g heißes Wasser 3 geh. TL gekörnte Gemüsebrühe	mit der Gemüsebrühe in den Mixtopf geben.
1 Hähnchenschenkel 300 g Hähnchenbrustfilet	Das Fleisch am Stück in das Garkörbchen geben.
150 g Reis, parboiled	10 Minuten einweichen lassen. Dann in den Garaufsatz füllen. Garkörbchen in den Mixtopf einsetzen, den Mixtopf mit Deckel verschließen, Garaufsatz aufsetzen. **40 Minuten / Garstufe / Stufe 2** garen.

Das Fleisch aus dem Garkörbchen herausnehmen, zur Seite stellen.

Den Reis etwas auflockern und weitere **12 Minuten / Garstufe / Stufe 2** weitergaren. Dann warmstellen.

In der Zwischenzeit: das Fleisch von den Knochen lösen und würfeln.

Den Kochsud umfüllen und zurückbehalten.

Soße:

50 g Butter, halbfett	in den Mixtopf geben. **2 ½ Minuten / 100°C / Stufe 2** erwärmen.
50 g Mehl, Type 405	zugeben und **3 Minuten / 100°C / Stufe 3** rühren.

ENERGIE: 70,33 KCAL / 293,51 KJ	EIWEISS: 6,03 G	FETT: 3,18 G
KOHL.HYD.: 4,13 G	BE: 0,32	BALLASTSTOFFE: 0,15 G

je 100

*850 g gekochte
Hühnerbrühe
20 g Roséwein
je ½ TL Pfeffer & Curry
1 Msp. Muskatnuss
150 g Cremefine oder
Sahne, 10% Fett*

Alle restlichen Zutaten zugeben.

5 Sekunden / Stufe 5 vermischen.

Fleischwürfel zugeben und **12 Minuten / 90°C / Stufe 1** ziehen lassen.

Abschmecken!

Schweinefilet mit Käse

3 Scheiben würziger Käse-light	in Stücken in den Mixtopf geben. **8 Sekunden / Stufe 6** zerkleinern.
	Umfüllen.
30 g Zwiebel *2 Knoblauchzehen*	und in den Mixtopf geben und **5 Sekunden / Stufe 5** zerkleinern.
500 g heißes Wasser *1 MB (100 g) Roséwein* *2 TL gekörnte Gemüsebrühe*	und in den Mixtopf zugeben.
500 g Kartoffeln	schälen, vierteln und in das Garkörbchen füllen. In den Mixtopf einhängen.
600 g Schweinefilet	in 1½ cm dicke Scheiben schneiden.
	Mit
Ingwer- und Knoblauchpulver Cayennepfeffer & Salz	würzen. Scheiben im Garaufsatz verteilen.
300 g Champignons	putzen, in Scheiben schneiden, über das Fleisch verteilen.
2 Tomaten	waschen, Stielansatz entfernen, in Scheiben geschnitten über den Champignons verteilen.
	Mit
Salz & Pfeffer	gut würzen.
½ Bund Schnittlauch *zerkleinerter Käse*	und darüberstreuen. Mixtopfdeckel verschließen. Den Garaufsatz aufsetzen.
	30 Minuten / Garstufe / Stufe 2 garen.

je 100g

ENERGIE: 79,57 KCAL / 332,62 KJ	EIWEISS: 11,20 G	FETT: 1,21 G
KOHL.HYD.: 4,68 G	BE: 0,39	BALLASTSTOFFE: 0,95 G

Soße:

Brühe   im Mixtopf lassen.

100 g Sauerrahm, 10% Fett
20 g Weizenmehl, Type 405   Alle Zutaten für die Soße in den Mixtopf
Salz & Pfeffer   geben und **2 Minuten / 100°C /**
Stufe 4 einkochen.
Abschmecken!

Nudelsalat

1 große Paprika	vierteln. Mit der Hautseite nach oben im Backofen grillen, bis die Haut Blasen wirft und schwarz wird. Abkühlen lassen, die Haut abziehen, Stiel und Kerne entfernen. In Streifen schneiden.
1 ½ Liter heißes Wasser *1 TL Salz*	Wasser mit Salz **8 Minuten / Garstufe / Stufe 1** erhitzen.
10 g Sonnenblumenöl *350 g Spiralnudeln*	Öl und Nudeln durch die Deckelöffnung zugeben und je nach Nudelsorte **10-15 Minuten / Linkslauf / 100°C / Stufe 1** garen. Abgießen und mit kaltem Wasser abschrecken. In eine Salatschüssel füllen.
enthäutete Paprika *100 g eingelegte grüne Oliven* *1 Dose Artischocken, halbiert (Abtropfgewicht 240 g)*	Abgetropft in die Salatschüssel zu den Nudeln zugeben.
15 Blätter Basilikum *1 Knoblauchzehe*	mit in den Mixtopf geben und **5 Sekunden / Stufe 5** zerkleinern.
1 Tomate *30 g getrocknete, eingelegte Tomaten*	zugeben und **6 Sekunden / Stufe 5** zerkleinern.
40 g Balsamico Bianco *10 g Olivenöl* *1 TL Salz, Pfeffer* *8 Tropfen Tabasco*	Öl und Gewürze zugeben und **4 Sek. / Stufe 2** vermischen. Zu den Nudeln geben.

je 100 g

ENERGIE: 126,63 KCAL / 530,83 KJ	EIWEISS: 4,45 G	FETT: 4,60 G
KOHL.HYD.: 16,42 G	BE: 1,30	BALLASTSTOFFE: 3,09 G

100 g deftige, fettarme Salami in Streifen schneiden und im Mixtopf
4 Minuten / Garstufe / Stufe 1
andünsten. Auf Küchenpapier abkühlen
lassen und dann ebenfalls zu den Nudeln
geben.
Gut vermengen und kräftig
abschmecken.

Farfalle mit Zuckererbsen

50 g Pecorino	in Stücken in den Mixtopf geben und **8 Sekunden / Stufe 10** zerkleinern. Umfüllen.
2 Tomaten	halbiert in den Mixtopf geben. **4 Sekunden / Stufe 6** zerkleinern.
10 g Olivenöl	zugeben und **3 Minuten / Garstufe / Stufe 1** dünsten.
250 g Hähnchenbrustfilet *Salz & Pfeffer* *Rosenpaprika, scharf*	in Streifen schneiden. Mit würzen, in den Mixtopf zugeben und **3 Minuten / Garstufe/ Linkslauf / Stufe 1** garen.
100 g Zuckererbsenschoten	geputzt zugeben.
200 g Cremefine *500 g heißes Wasser* *3 TL gekörnte Hühnerbrühe*	Alles zugeben und **5 Minuten / 100°C / Linkslauf / Stufe 1** garen.
Saft ½ Zitrone *Chiligewürz*	zugeben und mit abschmecken.
300 g Farfalle	zugeben und **11 Minuten / 100°C / Linkslauf / Stufe 1** garen.

Abschmecken.

Mit dem zerkleinerten Pecorino sofort servieren!

 Variante: Statt Zuckererbsen nehmen Sie 200 g grünen Spargel. Holzige Enden abschneiden und in 2-3 cm große Stücke schneiden. Wie Erbsenschoten mitgaren.

ENERGIE: 125,68 KCAL / 525,36 KJ	EIWEISS: 7,99 G	FETT: 3,76 G	je 100g
KOHL.HYD.: 14,59 G	BE: 1,17	BALLASTSTOFFE: 1,36 G	

Fischfilet mit Ananas

150 g Wildreismischung	in das Garkörbchen füllen.
1 Frühlingszwiebel	in kleine Ringe schneiden und mit
120 g Ananas, in Stücken	unter den Reis mischen.
300 g Fischfilet (z. B..	abspülen, säuern und
Pangasius)	mit
20 g weißes Balsamicoessig	und
Salz & Pfeffer	würzen und im Einlegeboden vom Garaufsatz verteilen.
2 Tomaten	Stielansätze herausschneiden und in Scheiben schneiden. Auf dem Fisch verteilen.
	Mit
Salz & Pfeffer	würzen.
200 g Champignons	putzen, in Scheiben schneiden und über den Tomaten verteilen.
1 kleine Zucchini	stifteln und weiterschichten.
1 TL gekörnte Gemüsebrühe	
Pfeffer	Gemüse würzen.
1 Liter heißes Wasser	mit
2 TL gekörnter Gemüsebrühe	in den Mixtopf geben, das Garkörbchen einhängen. Den Topf verschließen, den Garaufsatz aufsetzen. **30 Minuten / Garstufe / Stufe 2** garen.

je 100

ENERGIE: 67,85 KCAL / 284,71 KJ	EIWEISS: 5,09 G	FETT: 0,63 G
KOHL.HYD.: 10,31 G	BE: 0,83	BALLASTSTOFFE: 0,72 G

Soße:

Brühe	im Mixtopf behalten.
50 g Ketchup, scharf	
20 g Weizenmehl, Type 405	Alle Zutaten für die Soße in den Mixtopf
Cayennepfeffer	geben und **3 Minuten / 100°C /**
	Stufe 4 einkochen.

Spaghettitorte

150 g pikanter Käse, light	in den Mixtopf geben und **5 Sekunden / Stufe 6** zerkleinern. Umfüllen.
150 g gegarte Putenbrust	in Stücken in den Mixtopf geben. **5 Sekunden / Stufe 4** zerkleinern. Umfüllen.
1,2 Liter heißes Wasser *1 TL Salz*	und in den Mixtopf geben. **8 Minuten / Garstufe / Linkslauf / Stufe 1** garen.
150 g Spaghetti	durch die Deckelöffnung zugeben und weitere **6 Minuten / Garstufe / Linkslauf / Stufe 1** kochen. Spaghetti im Garkörbchen kurz durchspülen und abtropfen lassen. In einer ausgefetteten Tortenform (oder runden Auflaufform) verteilen.
Eine Hälfte des geriebenen Käse	darüber verteilen.
1 Knoblauchzehe *150 g Zucchini* *10 Blättchen Basilikum*	In Stücke geschnittene Zucchini, Knoblauch und Basilikum in den Mixtopf geben und **5 Sekunden / Stufe 5** zerkleinern. Mit
1 Ei *1 TL gekörnte Gemüsebrühe* *Pfeffer*	und den Gewürzen in den Topf zu dem Gemüse geben und **5 Sekunden / Stufe 4** vermischen. Auf der Torte verteilen.
zerkleinerte Putenbrust	obendrauf verteilen.
150 g Champignons	putzen, in Scheiben schneiden und über das Fleisch verteilen.

je 100

ENERGIE: 87,22 KCAL / 365,59 KJ	EIWEISS: 8,22 G	FETT: 2,47 G
KOHL.HYD.: 7,75 G	BE: 0,64	BALLASTSTOFFE: 0,99 G

200 g Tomaten *30 g Tomatenmark* *je 1 TL Salz & Pfeffer* *Pizzagewürz*	halbieren, Stielansatz entfernen und in den Mixtopf geben. Restliche Zutaten in den Mixtopf geben und **5 Sekunden / Stufe 5** zerkleinern. Über die Torte verteilen.
Den restlichen Käse	darüber streuen.

Im vorgeheizten Backofen bei **200°C Ober- / Unterhitze** auf mittlerer Schiene **15-20 Minuten** überbacken.

Grünes Soufflé

250 g Brokkoli	putzen, waschen, in Röschen zerteilen.
150 g Zucchini	in 3 cm dicke Scheiben schneiden und zusammen mit dem Brokkoli in das Garkörbchen füllen.

400 g heißes Wasser	mit
2 TL gekörnte Gemüsebrühe	in den Mixtopf geben. Das Garkörbchen einhängen, Topf verschließen. Das Gemüse **15 Minuten / Garstufe / Stufe 2** dämpfen.

Danach das Garwasser ausgießen und das gegarte Gemüse in den Mixtopf füllen.

4 Eier	
150 g Fetaschafskäse, light	
½ TL Salz	Restliche Zutaten zugeben und
Pfeffer & gem. Muskatnuss	**30 Sekunden / Stufe 5** rühren.

Die Masse in 12 gefettete Souffléförmchen füllen und im Garaufsatz und dem Einlegeboden verteilen.

150 g grüner Spargel	putzen, waschen und in mundgerechte Stücke schneiden.
150 g Champignons	putzen und in Scheiben schneiden.

Das Garkörbchen mit Alufolie auslegen, einen kleinen Rand von ca. 5 cm stehen lassen. Das Gemüse einfüllen.

50 g Balsamico bianco	
5 g körniger Senf	
1 TL gekörnte Gemüsebrühe	Alle Gewürze mit der in kleine Röllchen
Pfeffer	geschnittenen Frühlingszwiebel in den
1 Frühlingszwiebel	Mixtopf geben. **4 Sekunden /**
5 g Akazienhonig	**Stufe 5** vermischen. Über das Gemüse
20 g Olivenöl	im Garkörbchen geben.

je 10(

ENERGIE: 87,48 KCAL / 367,2 KJ	EIWEISS: 5,74 G	FETT: 5,67 G
KOHL.HYD.: 3,21 G	BE: 0,19	BALLASTSTOFFE: 1,41 G

600 g heißes Wasser	in den Mixtopf geben. Das Garkörbchen einhängen. Den Topf verschließen und Garaufsatz aufsetzen. **30 Minuten / Garstufe / Stufe 2** garen.
Rucola	waschen, ausschütteln und auf Teller legen.
	Spargel, Champignons und in Streifen geschnittene
½ rote Paprika	auf dem Rucola servieren. Auf jedem Teller ein Souffléförmchen verteilen.
	Mit
Zitronen-Balsamico Creme	die Teller dekorieren.

Putengeschnetzeltes mit Pfifferlingen und Spätzle

Spätzle:

450 g Dinkelmehl, Type 1050 9 Eier 1 gestr. TL Salz	Mehl, Eier und Salz in den Mixtopf geben. **1 Minute / Knetstufe** vermengen. In einem großen Topf genügend Salzwasser zum Kochen bringen und entweder die Spätzle vom Brett schaben oder durch Spätzlepresse drücken. Abgetropft warmstellen.
300 g Putenbrustfilet Salz & Pfeffer, Rosenpaprika, scharf	in Streifen schneiden und mit würzen.
50 g Zwiebeln	schälen, halbieren und in den Mixtopf geben. **5 Sekunden / Stufe 5** zerkleinern.
10 g Olivenöl	zugeben und **3 Minuten / Garstufe / Stufe 1** dünsten.
20 g gewürfelter Katenschinken	mit den gewürzten Putenstreifen zugeben. **3 Minuten / Garstufe / Linkslauf / Stufe 1** andünsten. In den Garaufsatz umfüllen.
250 g Pfifferlinge (frisch oder gefroren)	geputzt zugeben und vermischen.
500 g heißes Wasser 80 g Roséwein 2 TL gekörnte Gemüsebrühe	Das Wasser mit dem Gewürz und Wein in den Mixtopf geben. **20 Minuten / Garstufe / Stufe 2** garen.

je 100g

ENERGIE: 156,95 KCAL / 658,02 KJ	EIWEISS: 8,53 G	FETT: 6,39 G
KOHL.HYD.: 15,56 G	BE: 1,3	BALLASTSTOFFE: 1,94 G

Die Brühe in dem Mixtopf belassen.

Brühe
100 g Saure Sahne, 10 % Fett
oder Cremefine zum Kochen
Pfeffer
20 g Weizenmehl, Type 405

Alle restlichen Zutaten zu der Brühe zugeben.
2 Minuten / **100°C** / **Stufe 3** zur Soße einkochen.

 *Tipp:*

Mit Schnittlauchröllchen bestreut servieren.

Wenn es schnell gehen muss, nehmen Sie fertige gekaufte Spätzle. Die können Sie 10 Minuten vor dem Garende im eingesetzten Garkörbchen miterhitzen.

Lachs mit Zwiebeldecke

125 g Mozzarella, light 100 g Emmentaler, light	Mozzarella und in Stücke geschnittenen Emmentaler in den Mixtopf geben. **5 Sekunden / Stufe 6** zerkleinern. Umfüllen.
500 g Kartoffeln	schälen, waschen, vierteln und in das Garkörbchen geben.
500 g Lachsfilet Saft 1 Zitrone, Salz & Pfeffer	heiß waschen. Mit säuern und beidseitig würzen. In den Einlegeboden vom Garaufsatz nebeneinanderlegen.
200 g rote Zwiebeln 1 Handvoll Petersilie	schälen und mit in den Mixtopf geben. **5 Sekunden / Stufe 4-5** zerkleinern.
15 g Olivenöl	zugeben und **3 Minuten / Garstufe / Stufe 1** dünsten. Auf dem Fisch verteilen.
Zerkleinerter Käse	darüber streuen.
500 g heißes Wasser 2 TL gekörnte Gemüsebrühe 30 g Roséwein	Alle Zutaten in den Mixtopf geben, das Garkörbchen mit den Kartoffeln einhängen, den Topf verschließen. Den Garaufsatz aufsetzen und **25 Minuten / Garstufe / Stufe 2** garen.

ENERGIE: 106,65 KCAL / 446,47 KJ	EIWEISS: 9,28 G	FETT: 4,88 G	
KOHL.HYD.: 5,7 G	BE: 0,48	BALLASTSTOFFE: 0,8 G	

je 100

Soße:

Brühe	im Mixtopf belassen.
200 g Sauerrahm, 10% Fett	
20 g Weizenmehl, Type 1050	Alle Zutaten für die Soße in den Mixtopf
Salz & Pfeffer	geben und **2 Minuten / 100°C /**
	Stufe 4 kochen.
	Abschmecken.

Marinierter Fleischtopf

1 rote Paprika	halbieren, entkernen, waschen und in Streifen schneiden.

150 g Zuckererbsenschoten
10 Perlzwiebeln
100 g kleine Champignons
100 g Babymöhren
100 g Kirschtomaten
300 g Putenbrustfilet, in Streifen geschnitten

Den Garaufsatz mit Alufolie auslegen, einen Rand von ca. 5 cm stehen lassen. Hinein das Fleisch, dann das Gemüse schichten.

300 g Kartoffeln — schälen, in Scheiben schneiden und in das Garkörbchen geben.

Marinade:

50 g Aceto Balsamico
10 g Olivenöl
20 g Rotwein
2 TL brauner Rohrzucker
30 g Sojasoße
¼ TL Basilikum
etwas Rosmarin
½ TL Pfeffer
1 TL gekörnte Gemüsebrühe

Alle Zutaten für die Marinade in den Mixtopf geben und **4 Sekunden / Stufe 3** vermischen. Die Marinade über dem Gemüse verteilen.

600 g heißes Wasser
2 TL gekörnte Gemüsebrühe

mit
in den Mixtopf geben, das Garkörbchen einhängen. Topf verschließen, den Garaufsatz auf den Deckel setzen.
35 Minuten / Garstufe / Stufe 2
garen.
Danach die Alufolie herausziehen, damit die Marinade in den Mixtopf durchtropft.

Soße:

Brühe
20 g Weizenmehl, Type 405

im Mixtopf behalten.
zugeben und **2 Minuten / 100°C / Stufe 4** kochen. Sofort servieren!

je 100g

ENERGIE: 81,36 KCAL / 340,64 KJ	EIWEISS: 5,18 G	FETT: 3,44 G
KOHL.HYD.: 6,93 G	BE: 0,57	BALLASTSTOFFE: 1,67 G

Hähnchen-Curry

200 g Basmatireis	in das Garkörbchen geben. Waschen.
1 Knoblauchzehe	in den Mixtopf geben und **5 Sekunden / Stufe 5** zerkleinern.
300 g Hühnerbrustfilet *10 g Olivenöl*	in Streifen schneiden und mit zugeben. **4 Minuten / Garstufe / Linkslauf / Stufe 1** andünsten. In den Garaufsatz umfüllen.
300 g gemischtes Gemüse *(Champignons, Zuckerschoten,* *Romanesco ...)*	geputzt und in Stücken zugeben.
1 TL gekörnte Gemüsebrühe *Pfeffer*	Mit und würzen und alles vermischen.
900 g Wasser *3 TL gekörnte Hühnerbrühe*	und in den Mixtopf füllen und das Garkörbchen einhängen. Den Topfdeckel schließen. Garaufsatz aufsetzen und **25 Minuten / Garstufe / Stufe 2** dämpfen.

Soße:

Brühe	im Mixtopf belassen.
100 g ungesüßte Kokosmilch *100 g Mango aus der Dose* *(Abtropfgewicht)* *Salz & Pfeffer* *1 TL scharfes Currypulver* *20 g Weizenmehl, Type 405*	Restliche Zutaten zugeben und **15 Sekunden / Stufe 6** pürieren, dann **2 Minuten 100°C / Stufe 2** erhitzen. Nach Ende der Garzeit abschmecken.

Mit Petersilie bestreut servieren!

je 100g

ENERGIE: 91,08 KCAL / 388,51 KJ	EIWEISS: 6,62 G	FETT: 1,16 G
KOHL.HYD.: 13,30 G	BE: 0,28	BALLASTSTOFFE: 0,37 G

Info: Reis sorgt für ein Sättigungsgefühl, das auch lange anhält. Er ist kalorienarm und leicht bekömmlich. Also zum Gewicht reduzieren optimal.

Gemüse ist in unserer Nahrung sehr wichtig, da es kaliumreich ist. Kalium wirkt entwässernd, was unserem Blutdruck und den Venen gut tut. Die vielen Ballaststoffe sorgen dafür. dass es nicht zu Darmträgheit oder Verstopfung kommt.

Geflügelfrikadellen

1 Knoblauchzehe	und
½ Handvoll Petersilie	ohne Stiel in den Mixtopf geben.
1 Zwiebel	schälen, halbieren, zugeben und **5 Sek. / Stufe 5** zerkleinern.
400 g Hähnchenbrustfilet	Sehnen entfernen und in Stücken zugeben.
1 kleines Ei 50 g Semmelbrösel Salz & Pfeffer Rosenpaprika 5 g Senf, mittelscharf	Restliche Zutaten zugeben und **5 Sek. / Stufe 5** zerkleinern. Gut würzen.

Aus der Fleischmasse dünne Fladen formen, in Öl anbraten und zum frischen Salat und Tomaten anrichten.

Info: Unser Körper braucht Fette um Organe zu schützen und fettlösliche Vitamine zu transportieren. Ein täglicher Fettverbrauch von 60-80 g/Tag ist optimal.

Man unterscheidet gesättigte (in allen tierischen Nahrungsmitteln) und ungesättigte Fettsäuren (in pflanzlichen Nahrungsmitteln und Ölen).

Die gesättigten Fette dienen zum Aufbau von Fettreserven. Sie sind träge und zuviel davon macht dick. Denn: werden sie nicht sofort verbraucht, landen sie als Polster auf unseren Problemzonen.

Ungesättigte Fette geben in Verbindung mit anderen Substanzen vitale Stoffwechselimpulse, was uns energiegeladen und fit macht. Pro Tag sind empfehlenswert 10 g ungesättigte Fettsäuren durch kaltgepresste Öle.

je 100g

ENERGIE: 126,99 KCAL / 531 KJ	EIWEISS: 19,75 G	FETT: 1,83 G
KOHL.HYD.: 7,5 G	BE: 0,63	BALLASTSTOFFE: 0,67 G

Lachssoufflé

200 g Lachsfilet, geräuchert	mit Forellenfilet in den Mixtopf geben.
125 g Forellenfilet, geräuchert	**5 Sekunden / Stufe 5** zerkleinern.

1 Ei	
200 g Frischkäse, light	
50 g Cremefine zum Kochen	Restliche Zutaten zugeben und
½ TL Salz, Pfeffer	**30 Sekunden / Stufe 4** unterrühren.

Die Fischfarce in 12 gut gefettete Souffléförmchen füllen und in dem Garaufsatz und dem Einlegeboden verteilen.

100 g grüner o. weißer Spargel	Beide Gemüse putzen und in
100 g Champignons	mundgerechte Stücke schneiden und in dem Garaufsatz um die Förmchen verteilen.

½ Liter heißes Wasser	mit
2 TL gekörnte Gemüsebrühe	in den Mixtopf geben.

400 g Kartoffeln, geviertelt	Die Frühlingszwiebeln in Röllchen
1 Frühlingszwiebel	schneiden und mit den Kartoffeln in das Garkörbchen füllen, Körbchen in den Mixtopf einhängen. Topf verschließen. Den Garaufsatz aufsetzen.

30 Minuten / Garstufe / Stufe 1 garen.

Soße:

Brühe	im Mixtopf belassen.
20 g Weizenmehl, Type 405	zugeben und **3 Minuten / 100°C / Stufe 2** einkochen.

100 g Sauerrahm, 10% Fett	mit
2 TL Meerrettich	zugeben und **10 Sekunden / Stufe 4**
(aus dem Glas)	mixen.

je 100g

ENERGIE: 76,01 KCAL / 317,33 KJ	EIWEISS: 7,16 G	FETT: 2,69 G
KOHL.HYD.: 5,44 G	BE: 0,44	BALLASTSTOFFE: 0,90 G

Gemüsemix mit Meerrettich

200 g Kartoffeln	schälen, waschen und vierteln. In den Garaufsatz füllen.
200 g Brokkoli	zerkleinern und im Garaufsatz verteilen.
100 g Möhren	schälen, in Scheiben schneiden und dazugeben.
100 g Kohlrabi *100 g Paprika, rot*	und in Streifen schneiden, zugeben.
1 TL gekörnte Gemüsebrühe	über das Gemüse streuen.
½ Liter heißes Wasser	in den Mixtopf füllen. Den Topfdeckel schließen. Garaufsatz aufsetzen.

25 Minuten / Garstufe / Stufe 2 garen.

Das Gemüse in eine Servierschüssel umfüllen.

Marinade:

30 g Weißweinessig *150 g Sauerrahm, 10 % Fett* *(oder Cremefine zum Kochen)* *20 g Zitronensaft* *15 g gerieb. Meerrettich* *(aus dem Glas)* *½ TL Salz, 1 Msp. Pfeffer* *10 g Senf, mittelscharf*	Alle Zutaten für die Marinade in den Mixtopf geben und **4 Sekunden / Stufe 4** vermischen. Über das warme Gemüse gießen.
Kresse	darüberstreuen und sofort servieren!

ENERGIE: 55,12 KCAL / 229,95 KJ	EIWEISS: 2,39 G	FETT: 1,86 G
KOHL.HYD.: 6,59 G	BE: 0,55	BALLASTSTOFFE: 2,19 G

je 100g

Info: Die Kartoffel ist auf dem Speiseplan sehr wichtig, da sie entgiftend, entwässernd und entsäuernd wirkt! Die Bio-Kartoffeln am Besten mit der Schale verzehren, da sie Vitamine und Spurenelemente enthalten.

Vitamine (enthalten in Getreide, Obst und Gemüse) werden zum Abbau von Fetten gebraucht. Sie sorgen für einen gut funktionierenden Stoffwechsel und schützen vor Infektionen. Ballaststoffe (in Randschichten des Getreidekorns, Obst und Gemüse) ersetzen Abführmittel aus der Apotheke!

Spinatlasagne

250 g Blattspinat	in einer Schüssel auftauen lassen. Dann das Wasser ausdrücken. Mit
Salz & Pfeffer	würzen.
100 g pikanter Käse, light	mit
100 g Mozzarella, light	in den Mixtopf geben und **6 Sekunden / Stufe 7** zerkleinern. Umfüllen.

Teig:

300 g Dinkelmehl, Type 1050	
3 Eier, Größe M	
10 g Olivenöl	Mehl, Eier und Öl in den Mixtopf geben. **1 Minute / Knetstufe** zum Teig verarbeiten. Den Teig in eine Folie einschlagen und 20 Minuten im Kühlschrank ruhen lassen. Dann dünn auswellen und Lasagneblätter zuschneiden.

Soße:

40 g Butter, halbfett	in den Mixtopf geben und **2 Minuten / 100°C / Stufe 2** erhitzen.
40 g Dinkelmehl, Type 550	zugeben und **3 Minuten / 100°C / Stufe 3** rühren.
400 g Milch, fettarm 1,5%	
½ TL Pfeffer	
2 Prisen Muskat	
3 TL gekörnte Gemüsebrühe	
200 g Cremefine zum Kochen	Alle Zutaten und Gewürze zugeben und **6 Minuten / 100°C / Stufe 4** kochen.
Saft ½ Zitrone	und
½ Bund Schnittlauch, geschnittten	zugeben und **5 Sekunden / Stufe 4** vermischen.

(Fortsetzung Seite 80)

je 100g

ENERGIE: 144,44 KCAL / 604,83 KJ	EIWEISS: 9,51 G	FETT: 5,49 G
KOHL.HYD.: 13,85 G	BE: 1,12	BALLASTSTOFFE: 1,46 G

200 g gegarter Putenbrustbraten in Streifen schneiden.

100 g Champignons putzen und in Scheiben schneiden.

100 g Cocktailtomaten waschen und halbieren.

In eine feuerfeste Form schichten:

1. Soße
2. Lasagneblätter
3. Spinat
4. Lasagneblätter
5. Soße
6. Putenbraten + Tomaten
7. Lasagneblätter
8. Soße
9. Champignons
10. Lasagneblätter
11. Soße

Dann mit dem zerkleinerten Käse bestreuen. Im vorgeheizten Backofen **30 Minuten bei 200-220°C Ober- / Unterhitze** überbacken.

 *Tipp:* Der Teig reicht für ca. 2 Portionen. Trocknen Sie die übrigen Teigplatten auf einem bemehlten Geschirrtuch und bewahren Sie sie in einer Dose für das nächste Mal.

Zum Nachtisch

| LEICHTE KÜCHE

Hefestückchen mit Obst

Den Backofen auf 180°C vorheizen.

260 g Milch, 1,5% Fett
50 g Butter, halbfett

Milch und Butter im Mixtopf **2 Minuten / 50°C / Stufe 1** erwärmen.

500 g helles Dinkelmehl
60 g Rohrzucker
½ Würfel Hefe
1 gestr. TL Salz

Alle restlichen Zutaten zugeben und **2½ Minuten / Knetstufe** kneten.

Den Teig in eine Schüssel umfüllen und mind. 20 Minuten zugedeckt warm stellen.

220 g Magerquark
1 Päckchen
Vanillepuddingpulver
30 g Rohrzucker
1 Ei
60 g Cremefine

Alle Zutaten in den Mixtopf geben und **15 Sekunden / Stufe 4** vermischen.

Den aufgegangenen Hefeteig nochmals kurz von Hand durchkneten und in 10 gleichgroße Stücke teilen. Jedes Stück in eine ovale Form (ein Ei) ausrollen. In die Mitte eine Mulde drücken und die Quarkmasse darauf verteilen.

8 halbe Pfirsiche
(aus der Dose)

in Scheiben schneiden und auf der Puddingmasse verteilen.

Im vorgeheizten Backofen bei **180°C Ober- / Unterhitze 30 Minuten** backen.

2 gehäufte EL Puderzucker
1 EL Zitronensaft

mit
in einer Tasse gut verrühren. Die noch warmen Hefestücke mit der Glasur dünn bestreichen.

je 100g

ENERGIE: 199,67 KCAL / 636,9 KJ	EIWEISS: 6,57 G	FETT: 3,14 G
KOHL.HYD.: 35,67 G	BE: 2,96	BALLASTSTOFFE: 2,49 G

LEICHTE KÜCHE

Beerensorbet

40 g Rohrzucker	mit
300 g gefrorene, gemischte Beeren	in den Mixtopf geben. **5 Sekunden / Stufe 9** pürieren.
Saft 1 Zitrone	mit
60 g fettarmer Joghurt	zugeben und **5 Sekunden / Stufe 6** mischen.
Zitronemelisseblättchen	zum Garnieren darüber verteilen.
	Sofort servieren!

je 100g

ENERGIE: 109,6 KCAL / 459 KJ	EIWEISS: 1,12 G	FETT: 2,23 G
KOHL.HYD.: 20,21 G	BE: 1,68	BALLASTSTOFFE: 0,5 G

Sandwaffeln mit Obstcreme

80 g Rohrzucker	
150 g Butter, halbfett	
1 Prise Salz	
Mark ½ Vanilleschote	
3 Eier	Alle Zutaten in den Mixtopf geben und
1 Msp. Zitronenschale	**1 Minute / Stufe 4** rühren.
150 g Dinkelmehl, Type 1050	mit
1 TL Backpulver	zugeben und **1½ Minuten / Knetstufe** rühren.
	Im heißen Waffeleisen Waffeln backen und mit Puderzucker bestäuben.

(Fortsetzung Seite 86)

je 100g

ENERGIE: 164,4 KCAL / 688 KJ	EIWEISS: 7,3 G	FETT: 6,68 G
KOHL.HYD.: 18,26 G	BE: 1,49	BALLASTSTOFFE: 0,84 G

Creme:

500 g Magerquark
1 Banane, in Stücken
150 g Cremefine zum Schlagen
Saft ½ Zitrone
10 g Akazienhonig
Mark ½ Vanillestange

Alle Zutaten in den Mixtopf geben und **10 Sekunden / Stufe 3** schlagen. Dann nochmals **10 Sekunden / Stufe 6** schaumig rühren.

250 g Weintrauben, kernlos

waschen, halbieren und unter den Quark mischen.

Quarkzopf

Den **Ofen auf 180°C** vorheizen.

460 g helles Dinkelmehl
½ TL Salz
80 g Sonnenblumenöl
100 g Milch, 1,5% Fett
60 g Rohrzucker
1 Päckchen Vanillezucker
1 ½ Päckchen Backpulver
250 g Magerquark

Alle Zutaten in den Mixtopf abwiegen.
2 Minuten / Knetstufe kneten.

Einen Strang formen und von der Mitte aus um ihn selbst schlingen.

Auf ein mit Backfolie ausgelegtes Backblech legen.

(Fortsetzung Seite 88)

	Mit
1 Eigelb	bestreichen und mit
20 g gehackte Mandeln	bestreuen.

Bei **180°C Ober- / Unterhitze ca. 30 Minuten** backen.

ENERGIE: 295,85 KCAL / 1239,8 KJ	EIWEISS: 8,73 G	FETT: 10,71 G
KOHL.HYD.: 3 G	BE: 3,39	BALLASTSTOFFE: 3,00 G

Nussstängeli

Den Ofen auf 160°C vorheizen.

200 g Haselnüsse in den Mixtopf geben. **5 Sekunden / Stufe 5** zerkleinern. Umfüllen.

80 g Butter, halbfett
120 g Rohrzucker Butter, Zucker und Eier in den Mixtopf
3 Eier geben. **1½ Minuten / 37°C / Stufe 5** schaumig rühren.

Mark ½ Vanilleschote
370 g Dinkelmehl, Type 1050
3 Prisen gem. Zimt
zerkleinerte Nüsse (s. oben) Restliche Zutaten zugeben. Mithilfe des Spatels **1 Minute / Knetstufe** rühren. Den Teig zu einer Kugel formen und 1 Stunde kaltstellen.

Dann zu einer 1 cm dicken Platte auswellen und mit einem Messer (oder Pizzaroller) Stängeli mit den Maßen 1x5 cm zuschneiden.

Im vorgeheizten Backofen Heißluft bei **160°C ca. 20-25 Minuten** backen.

je 100g

| ENERGIE: 381,4 KCAL / 1597,6 KJ | EIWEISS: 9,25 G | FETT: 19,37 G |
| KOHL.HYD.: 42,55 G | BE: 4,09 | BALLASTSTOFFE: 4,1 G |

Eierlikör-Muffins

Den Backofen auf 190°C vorheizen.

80 g Butter, halbfett   in den Mixtopf geben und **2 Minuten / 50°C / Stufe 2** erwärmen.

1 Ei
80 g Vollrohrzucker
150 g helles Dinkelmehl
2 ½ TL Backpulver
1 Päckchen Vanillezucker   Restliche Zutaten zugeben und
100 g (1 MB) Eierlikör   **15 Sekunden / Stufe 3** rühren.

Den Teig in Silikonförmchen (Shop) oder ein Muffinsblech füllen.

Im vorgeheizten Backofen bei **190°C Ober- / Unterhitze 20-25 Minuten** backen.

mit

2 EL Puderzucker verdünnen und damit die noch warmen
Eierlikör Muffins bestreichen.

ENERGIE: 323,4 KCAL / 1354,4 KJ	EIWEISS: 5,86 G	FETT: 9,58 G
KOHL.HYD.: 48,11 G	BE: 4,01	BALLASTSTOFFE: 1,73 G

je 100g

Kirschstreuselkuchen

Backofen auf 180°C vorheizen.

Teig:

400 g helles Dinkelmehl
100 g Rohrzucker
60 g gehackte Mandeln oder
Kokosraspeln
2 Eier
1 geh. TL Backpulver
1 Päckchen Vanillezucker
250 g Butter, halbfett in Zutaten für den Teig in den Mixtopf
Stücken geben und **1½ Minuten / Knetstufe**
1 Prise Salz mischen.

Eine Hälfte des Teiges in eine gefettete
runde Springform drücken.

(Fortsetzung Seite 92)

1 Glas Schattenmorellen
(350 g Abtropfgewicht)

abtropfen lassen und auf dem Teigboden verteilen. Den restlichen Teig als Streusel darüber verteilen.

Im vorgeheizten Backofen **bei 180°C Ober- / Unterhitze 30-35 Minuten** backen.

ENERGIE: 279,5 KCAL / 1171,4 KJ	EIWEISS: 6,44 G	FETT: 12 G
KOHL.HYD.: 36,28 G	BE: 3,02	BALLASTSTOFFE: 2,81 G

je 100

Erdbeertiramisu

2 Löffelbiskuit	in den Mixtopf geben, **5 Sekunden / Stufe 6** zerkleinern.
	Umfüllen.
200 g Cremefine zum Schlagen	in den kalten Mixtopf geben und auf **Stufe 4** schlagen bis sich leichte Konturen am Rand bilden. Dann erst den Rühraufsatz einsetzen und auf **Stufe 3** weiterrühren, bis die Sahne steif ist.
	Umfüllen.

Creme:

2 Bananen, in Stücken	in den Mixtopf geben und **3 Sekunden / Stufe 5** zerkleinern.
200 g Frischkäse, light 120 g Magerquark	mit zugeben und **10 Sekunden / Stufe 3** rühren.
	Rühraufsatz einsetzen!
geschlagene Sahne	zugeben und **20 Sekunden / Stufe 1-2** rühren.
1 ½ MB (150 ml) Orangensaft 30 g Cointreau	und in eine flache Schüssel geben.
restl. Löffelbiskuit (200 g)	in Saft tauchen und abwechselnd Biskuit, Bananencreme, Biskuit, dann
500 g Erdbeeren, geputzt	einschichten. Zum Schluss die restliche Bananencreme darüberstreichen und die Schüssel kaltstellen.

(Fortsetzung Seite 94)

je 100g

ENERGIE: 125,8 KCAL / 525,44 KJ	EIWEISS: 5,1 G	FETT: 3,86 G	
KOHL.HYD.: 16 G	BE: 1,29	BALLASTSTOFFE: 1,13 G	

| *zerkleinerte Löffelbiskuits* | vor dem Servieren über das Tiramisu streuen. |

| *20 g Pistazien* | im Mixtopf **3 Minuten / Garstufe / Stufe 1** rösten und darüberstreuen. |

 *Tipp*   Wenn Kinder mitessen, lassen Sie den Alkohol einfach weg!

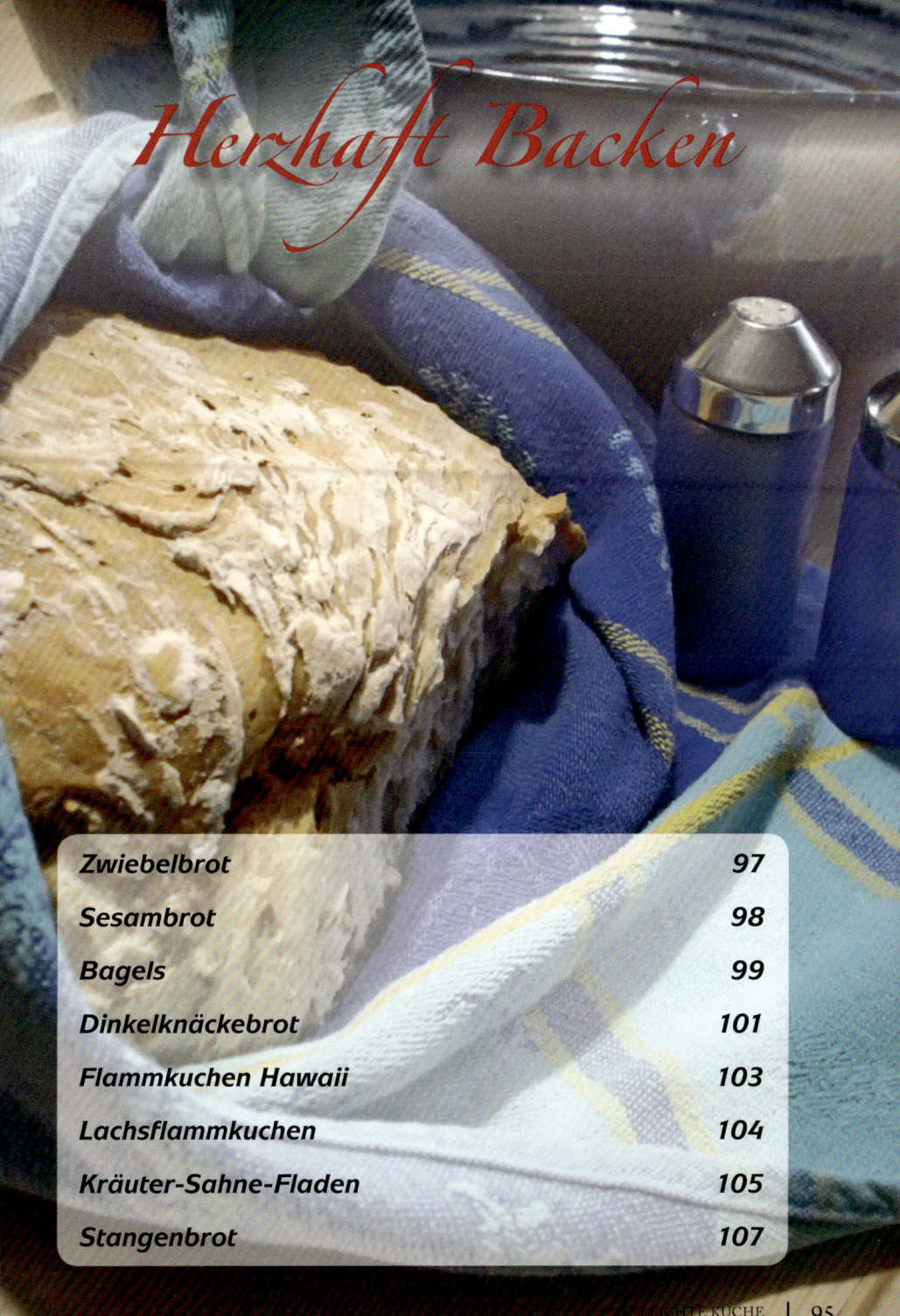

Herzhaft Backen

| LEICHTE KÜCHE

Zwiebelbrot

100 g Dinkelkörner	in den Mixtopf geben und **30 Sekunden / Stufe 10** zerkleinern. Umfüllen!
80 g Walnusskerne	in den Mixtopf geben und **3 Sekunden / Stufe 3-4** zerkleinern. Umfüllen!
50 g Zwiebeln, in Stücken	in den Mixtopf geben und **5 Sekunden / Stufe 5** zerkleinern. Die Zwiebeln mit dem Spatel nach unten schieben.
10 g Olivenöl	zugeben und **3 Minuten / Garstufe / Stufe 1** andünsten.

500 g Dinkelmehl, Type 1050
250 g lauwarmes Wasser
1 Würfel Hefe
zerkleinerter Dinkel
zerkleinerte Walnüsse
3 TL Salz

Restliche Zutaten zugeben und **2 ½ Minuten / Knetstufe** kneten lassen. Eventuell den Spatel zu Hilfe nehmen.

Dann nochmals kurz von Hand durchkneten und in eine Kastenform füllen. Zugedeckt weitere 15 Minuten gehen lassen. In kalten Backofen stellen.

Bei **225°C Ober- / Unterhitze 50 Minuten** backen.

ENERGIE: 272,78 KCAL / 1142,94 KJ	EIWEISS: 8,25 G	FETT: 7,09 G	
KOHL.HYD.: 43,53 G	BE: 3,63	BALLASTSTOFFE: 4,91 G	

Sesambrot

(Foto Seite 99)

300 g Dinkel	in den Mixtopf geben und **40 Sekunden / Stufe 10** zerkleinern.
100 g Roggenmehl, Type 815 *250 g Dinkelmehl, Type 1050* *1 Würfel Hefe* *280 g lauwarmes Wasser* *100 g Buttermilch, fettarm* *40 g Sesam* *2 geh. TL Salz*	Restliche Zutaten zugeben und **2 Minuten / Knetstufe** kneten.

Den Teig an einer warmen Stelle zugedeckt gehen lassen. Das Volumen fast verdoppeln lassen.

Dann nochmals kurz von Hand durchkneten, einen Laib formen und in ein Brotkörbchen legen. Zugedeckt weitere 15 Minuten gehen lassen. Auf ein Blech stürzen. In den kalten Backofen schieben.

Bei **220°C Ober- / Unterhitze ca. 50 Minuten** backen.

ENERGIE: 233,72 KCAL / 979,11 KJ	EIWEISS: 7,63 G	FETT: 3,02 G
KOHL.HYD.: 43,35 G	BE: 3,61	BALLASTSTOFFE: 4,75 G

je 100g

Bagels

600 g helles Dinkelmehl. Type
630
310 g lauwarmes Wasser
1 geh. TL Salz
20 g Rohrzucker
30 g Hefe

Alle Zutaten in den Mixtopf geben und **3 Minuten / Knetstufe** kneten. ½ Stunde im geschlossenen Mixtopf gehen lassen und nochmals **1 Minute / Knetstufe** kneten.

(Fortsetzung Seite 100)

Den Teig zu einem Strang formen und in 10 Stücke schneiden. Jedes Stück zu einem Fladen formen und mit einem Kochlöffelstiel ein Loch bohren. Mit den Fingern das Loch bis zu einem Durchmesser von 3 cm auseinanderziehen und abgedeckt 10 Minuten gehen lassen.

2 Liter Wasser in einem großen Topf zum Kochen bringen.

2 EL Rohrzucker zugeben und soviele Bagels hineingeben, dass sie nebeneinander schwimmen können. Ohne weitere Hitze 3 Minuten ziehen lassen, umdrehen und weitere 3 Minuten ziehen lassen.

Teiglinge herausnehmen und abtropfen lassen. Auf ein mit Backpapier ausgelegtes Backblech legen und mit

verquirltem Eiweiß bestreichen.

Im vorgeheizten Backofen bei **Ober- / Unterhitze 200°C** (Umluft 180°C) **20 Minuten** backen. Die Bagels umdrehen und **nochmals 10 Minuten** backen.

ENERGIE: 228,81 KCAL / 958,99 KJ	EIWEISS: 7,19 G	FETT: 1,23 G
KOHL.HYD.: 46,53 G	BE: 3,88	BALLASTSTOFFE: 4,16 G

je 100g

Dinkelknäckebrot

300 g Dinkel	in den Mixtopf geben und **1 Minute / Stufe 10** zerkleinern.
110 g Sesam *100 g kernige Haferflocken* *60 g Sonnenblumenöl* *220 g Wasser* *1 TL Salz*	Restliche Zutaten zugeben und **1 Minute / Knetstufe** zu einem Teig verarbeiten.

Den Teig auf einer bemehlten Arbeitsfläche sehr dünn ausrollen. Auf ein mit Backpapier ausgelegtes Backblech geben, mit einer Gabel mehrmals einstechen.

Das Brot vor dem Backen in Stücke schneiden!

Bei **180°C Ober- / Unterhitze** auf der zweiten Einschubleiste von unten ca. **40 Minuten** backen.

ENERGIE: 323,13 KCAL / 1353,19 KJ EIWEISS: 7,74 G   FETT: 16,32 G
KOHL.HYD.: 36,33 G   BE: 4,54 G   BALLASTSTOFFE: 4,54 G

je 100g

Flammkuchen Hawaii

Teig:

400 g Weizenmehl, Type 405
30 g Olivenöl
½ Würfel Hefe
1 TL Salz
200 g lauwarmes Wasser

Zutaten für den Teig in den Mixtopf geben und **1½ Minuten / Knetstufe** kneten.

Die Teigmenge halbieren und 2 dünne Fladen auswellen. Jeweils auf eine Backfolie legen und nach Belieben belegen. Den Belag für den zweiten Fladen finden Sie auf der nächsten Seite.

Belag:

100 g Käse, light pikant

in den Mixtopf geben und **6 Sekunden / Stufe 6** zerkleinern.
Umfüllen.

120 g Magerquark
100 g Sauerrahm 10% Fett
1 Eigelb
½ TL Salz, Pfeffer

Restliche Zutaten in den Mixtopf geben und **10 Sekunden / Stufe 5** vermischen. Auf einem Fladen verteilen.

100 g Putenbrust, gegart
100 g Ananasstücke

in Streifen schneiden und zusammen mit der Ananas die Fladen belegen.
Den zerkleinerten Käse darüber streuen.

Den Backofen mit dem Backblech (ohne Flammkuchen) auf **250°C Ober- / Unterhitze** aufheizen. Die Flammkuchen mit der Backfolie auf das heiße Backblech schieben und **10-15 Minuten** auf der untersten Schiene backen.

je 100g

ENERGIE: 205,02 KCAL / 857,68 KJ	EIWEISS: 10,87 G	FETT: 5,78 G
KOHL.HYD.: 26,75 G	BE: 2,23	BALLASTSTOFFE: 1,80 G

Lachsflammkuchen

(Foto Seite 105)

Teig: nach dem Rezept von Seite 103 herstellen.

100 g Sauerrahm, 10% Fett
60 g Frischkäse, Magerstufe
20 g Meerrettich,
(aus dem Glas)
½ TL Salz, Pfeffer

Alle Zutaten in den Mixtopf geben und **8 Sekunden / Stufe 4** vermischen. Mit der Masse den zweiten Fladen bestreichen.

100 g geräucherter Lachs   in Streifen schneiden und über der Frischkäsemasse verteilen.

Den Backofen mit dem Backblech (ohne Flammkuchen) auf **250°C Ober- / Unterhitze** aufheizen. Die Flammkuchen mit der Backfolie auf das heiße Backblech schieben und **10-15 Minuten** auf der untersten Schiene backen.

Schnittlauchröllchen   nach Belieben nach dem Backen über den Lachsflammkuchen streuen.

ENERGIE: 212,46 KCAL / 888,58 KJ	EIWEISS: 8,32 G	FETT: 5,51 G
KOHL.HYD.: 31,84 G	BE: 2,65 G	BALLASTSTOFFE: 2,27 G

je 100g

Kräuter-Sahne-Fladen

Backofen auf 250°C Ober- / Unterhitze vorheizen.

Teig:

500 g Weizenmehl, Type 1050
30 g Olivenöl
30 g Hefe
1 TL Salz
250 g lauwarmes Wasser

Zutaten für den Teig in den Mixtopf geben und **2 Minuten / Knetstufe** kneten. Den Teig halbieren und 2 Fladenbrote formen. Auf ein mit Backfolie belegtes Backblech legen.

Abgedeckt 20 Minuten an einem warmen Ort gehen lassen.

(Fortsetzung Seite 106)

1 Handvoll frische Kräuter	in den Mixtopf geben und **10 Sekunden / Stufe 6** zerkleinern.
400 g Sauerrahm, 10% Fett *½ TL Salz, Pfeffer*	mit den Gewürzen zugeben und **10 Sekunden / Stufe 3** mischen. Die Creme auf die Fladen verteilen.

Bei **250°C Ober- / Unterhitze** im vorgeheizten Backofen ca. **15-18 Minuten** backen.

je 100g

ENERGIE: 205,11 KCAL / 858 KJ	EIWEISS: 6,54 G	FETT: 6,51 G
KOHL.HYD.: 29,58 G	BE: 2,47	BALLASTSTOFFE: 2,69 G

Stangenbrot

(Foto Seite 106)

450 g helles Dinkelmehl,
Type 630
350 g Dinkelmehl, Type 1050
150 g Milch, 1,5% Fett
270 g lauwarmes Wasser
1 Würfel Hefe
10 g Rohrzucker
30 g Olivenöl
15 g Salz

Alle Zutaten in den Mixtopf geben.
2½ Minuten / Knetstufe kneten.

Zugedeckt 1 Stunden gehen lassen.
Zwei Stangen formen und auf ein
Backblech legen.

In den kalten Ofen schieben und bei
**220°C Ober- / Unterhitze ca.
20-25 Minuten** backen.

Für die folgenden Rezepte backe ich die Brote nur 18 Minuten. Mit den zubereiteten Aufstrichen werden sie nochmals 10 Minuten überbacken. Natürlich kann man auch Baguettes oder Ciabattabrote zum Aufbacken verwenden. Die Aufstrichmenge reicht für eine längs aufgeschnittene Hälfte.

je 100g

ENERGIE: 249,43 KCAL / 1045,58 KJ	EIWEISS: 7,47 G	FETT: 3,76 G
KOHL.HYD.: 45,83 G	BE: 3,82	BALLASTSTOFFE: 4,36 G

Kräuterbutteraufstrich

1 Handvoll Kräuter (Schnittlauch, Petersilie, Basilikum)	in den Mixtopf geben.
80 g pikanter Käse, light	in grössere Stücke geschnitten zugeben und **5 Sekunden / Stufe 7** zerkleinern.
80 g Butter, halbfett in Stücken Salz & Pfeffer	Butter mit Gewürzen zugeben. **3 Sekunden / Stufe 6** vermischen.
	Ein Stangenbrot aufschneiden, mit dem Aufstrich bestreichen und im Backofen **10 Minuten bei 200°C** überbacken.

je 100g

ENERGIE: 267,95 KCAL / 1123 KJ   EIWEISS: 20,37 G   FETT: 19,71 G
KOHL.HYD.: 2,24 G   BE: 0,19   BALLASTSTOFFE: 0,24 G

Thunfischaufstrich

1 Frühlingszwiebel	in Stücken in den Mixtopf geben. **5 Sekunden / Stufe 6** zerkleinern.
100 g Frischkäse, light *1 Dose Thunfisch, naturell* *(abtropfen lassen) 150 g*	mit dem Fisch und den Gewürzen zugeben. **5 Sekunden / Stufe 5** mischen.
	Ein Stangenbrot aufschneiden, mit dem Aufstrich bestreichen.
1 Tomate	in Scheiben schneiden. Das bestrichene Brot mit ihnen belegen. Das Brot im Backofen **10 Minuten bei 200°C** überbacken.

je 100g

ENERGIE: 121,86 KCAL / 509,72 KJ	EIWEISS: 13,04 G	FETT: 6,5 G
KOHL.HYD.: 2,56 G	BE: 0,21	BALLASTSTOFFE: 0,46 G

Getränke

Kefir-Drink

300 g Pfirsiche	waschen, entkernen, in den Mixtopf geben.
Mark 1 Vanilleschote *500 g Kefir, 10% Fett* *20 g Zarte Schmelzflocken* *20 g Akazienhonig*	Alle Zutaten zugeben und **15 Sekunden / Stufe 10** mixen.
300 g Orangensaft	zugeben und **6 Sekunden / Stufe 4** vermischen.
	Sofort servieren!

je 100g

ENERGIE: 87,72 KCAL / 367,36 KJ	EIWEISS: 2,03 G	FETT: 4,58 G
KOHL.HYD.: 8,76 G	BE: 0,73	BALLASTSTOFFE: 0,73 G

Malzkaffee-Getränk

1 Liter Milch, 1,5% Fett
50 g Amaretto
50 g Ovomaltine
4 EL löslicher Kaffee

Alle Zutaten in den Mixtopf geben und **10 Minuten / 100°C / Stufe 1** erhitzen. Dann **20 Sekunden / Stufe 10** aufschäumen und sofort servieren.

je 100g

ENERGIE: 68,26 KCAL / 285,98 KJ	EIWEISS: 3,61 G	FETT: 0,27 G
KOHL.HYD.: 0,01 G	BE: 0,85	BALLASTSTOFFE: 0,23 G

Fruchtiger Joghurtshake

200 g Erdbeeren	geputzt und gewaschen in den Mixtopf geben. **5 Sekunden / Stufe 8** pürieren.
300 g Orangensaft	Restliche Zutaten zugeben und
500 g fettarmer Joghurt	**10 Sekunden / Stufe 10** vermischen.
200 g fettarme Milch	

Das Glas mit einer Scheibe Orange und
mit Minzeblättchen garnieren.
Sofort servieren!

je 100g

ENERGIE: 73,75 KCAL / 309,83 KJ	EIWEISS: 2,22 G	FETT: 4,54 G
KOHL.HYD.: 5,47 G	BE: 0,46	BALLASTSTOFFE: 0,39 G

Zitronenlimonade

150 g heißes Wasser	mit Zucker in den Mixtopf geben und
40 g Fruchtzucker	**4 Minuten** / **100°C** / **Stufe 2** erhitzen.

1 Liter kaltes Wasser	
Saft von 5 Zitronen	Restliche Zutaten zugeben und
1 Prise Salz	**10 Sekunden** / **Stufe 3** mischen.

In einen Krug umfüllen und mit Zitronenscheiben und Eiswürfeln servieren!

je 100g

ENERGIE: 39,17 KCAL / 164,13 KJ	EIWEISS: 0.16 G	FETT: 0.13 G
KOHL.HYD.: 8,23 G	BE: 0,69	BALLASTSTOFFE: 0,11 G

Pfirsichshake

1 rote Grapefruit	Schale mit Haut entfernen, in den Mixtopf geben.
5 reife Pfirsiche *Mark ½ Vanilleschote* *1 Palette Eiswürfel* *1 Dose Kokosmilch (400 ml)* *5 g Sojaflocken* *1 EL Weizenkeime*	Restliche Zutaten zugeben und **1 Minute / Stufe 10** vermischen.

Dieser Drink ist reich an Vitamin A + E. Die Sojaflocken bieten viel Lecithin, das die Aufnahme der Vitamine erleichtert.

je 100g

ENERGIE: 34,16 KCAL / 142,75 KJ	EIWEISS: 0,71 G	FETT: 0,29 G
KOHL.HYD.: 6,60 G	BE: 0,55	BALLASTSTOFFE: 1,14 G

Mango-Milchshake

250 g Mango 1 Banane, in Stücken	schälen, entkernen und das Fruchtfleisch mit der Banane in den Mixtopf geben. **5 Sekunden / Stufe 6** pürieren.
500 g Buttermilch, fettarm 300 g Milch, fettarm Saft 1 Zitrone 30 g Akazienhonig	Restliche Zutaten in den Mixtopf geben und **10 Sekunden / Stufe 8** vermischen.

je 100g

ENERGIE: 59,44 KCAL / 249,29 KJ	EIWEISS: 2,31 G	FETT: 0,7 G
KOHL.HYD.: 10,2 G	BE: 0,85	BALLASTSTOFFE: 0,50 G

Muntermacher-Shake

20 g Pinienkerne	in den Mixtopf geben und **3 Sekunden / Stufe 4** zerkleinern. In einer beschichteten Pfanne ohne Fett anrösten.
1 reife Banane 200 g gefrorene Erdbeeren Saft 1 Zitrone 500 g Sojamilch	mit in den Mixtopf geben. und zugeben und **20 Sekunden / Stufe 10** mischen. Mit Pinienkernen bestreut sofort servieren!
Info:	Sojamilch enthält hochwertiges pflanzliches Eiweiß, was gerade morgens zu einem guten Start verhilft!

je 100g

ENERGIE: 123,87 KCAL / 518,67 KJ	EIWEISS: 9,44 G	FETT: 6,64 G
KOHL.HYD.: 5,99 G	BE: 0,5	BALLASTSTOFFE: 4,90 G

BLECH- U. RÜHRKUCHEN
Die schnellsten Kuchen.
50 Rezepte für Blechkuchen
und 50 Rezepte für Rühr-
kuchen.
Best.-Nr. 010 • Preis € 12,-

KOCHSCHULE 1
Das richtige Buch für TM-
Anfänger. Große Vielfalt
an Rezepten der täglichen
Küche.
Best.-Nr. 011 • Preis € 13,50

KOCHSCHULE 2
Hier der zweite Band.
Unkomplizierte, schnelle
Rezepte.
Best.-Nr. 012 • Preis € 13,50

FRISCHE KÜCHE
Schnelle, leichte und ge-
müsereiche Kost. Viele
Rezepte für den Gar-
aufsatz.
Best.-Nr. 014 • Preis € 13,50

JAHRESZEITEN
Kochen mit den Jahreszei-
ten. Mit den jahreszeitübli-
chen Zutaten.
Best.-Nr. 015 • Preis € 13,50

LEICHTE KÜCHE
Rezepte, die nichts am
Genuss einbüßen und
obendrein gesund sind.
Best.-Nr. 020 • Preis € 16,50
BUCH MIT FOTOS!

SCHNELLE KÜCHE
Gerichte, die man im
Handumdrehen zubereiten
kann. Tägliche, unkompli-
zierte Küche.
Best.-Nr. 021 • Preis € 16,50
BUCH MIT FOTOS!

KOCHSCHULE 3
Der dritte Band. Unkom-
plizierte, bodenständige
Rezepte.
Best.-Nr. 024 • Preis € 16,50
BUCH MIT FOTOS!

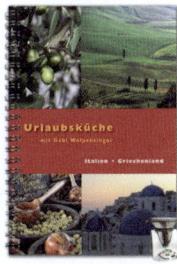

URLAUBSKÜCHE 1
Rezepte zum Träumen.
Das Feeling von Sonne
.und Meer zu Hause zum
Nachkochen.
Best.-Nr. 022 • Preis € 16,50
BUCH MIT FOTOS!

URLAUBSKÜCHE 2
Fernöstliche Leckereien
aus Ihrem Thermomix.
Süß, sauer und gerne
auch scharf.
Best.-Nr. 023 • Preis € 16,50
BUCH MIT FOTOS!

HEUTE OHNE FLEISCH
Backen und Kochen ohne
Fleisch. Mit Obst und
Gemüse, leicht und lecker
durch den Tag.
Best.-Nr. 025 • Preis € 16,50
BUCH MIT FOTOS!

SÜSSES BACKWERK
Ein Standardwerk mit
Grundrezepten für alle
gängigen Teige. Obstku-
chen, Apfelkuchen, herz-
haftes Gebäck uvm.
Best.-Nr. 013 • Preis € 12,-

Accessoires für die Küche

DAUERBACKFOLIEN

Wiederverwendbare Backfolien - braun, schwarz und silber mit unterschiedlichen Backeigenschaften.

MINIMUFFINSFORM MIT DRÜCKER

Für kleineTartes, Muffins, Fingerfood und andere „kleine" Ideen. Rezepte finden Sie z. B. in unserem Buch Urlaubsküche Teil 1.

MUFFINSFÖRMCHEN AUS SILIKON

Beim Teigeinfüllen halten sie „Stand". Beim Backen läuft nichts aus. Und dann in der Spülmaschine waschen und wieder benutzen.

BUCHSTÄNDER

Mit diesem Ständer steht Ihr Kochbuch direkt auf dem Arbeitsplatz drumherum gut geschützt.

REINIGUNGSBÜRSTE FÜR TOPFMESSER

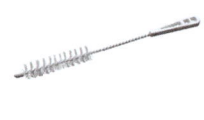

Eine kleine Bürste, genau passend unter die Mixtopfmesser.
Die Borsten haben genau die richtige Härte, um wirklich alles sauber zu reinigen.

DEKO-QUEEN

Ein Set zum Dekorieren von CupCakes, Kuchen und Desserts, mit großer Stern- und Lochtülle aus Edelstahl.

PIZZASTEIN MIT SCHNEIDEMESSER

Zum Backen von Pizza (frisch oder gefroren), Brot und Brötchen oder Kuchen. 32 cm groß und mit Griffen zum Servieren.

BACKEN, RÜHREN, MIXEN

Ein sehr umfangreiches Backbuch mit 120 Rezepten. Inclusive Weihnachtsbäckerei ist alles dabei.

Best.-Nr. 001 • Preis € 12,-

KOCHEN, RÜHREN, MIXEN TEIL 1

Unser Grundkochbuch für die TM21-Benutzer. Alle wichtigsten Rezepte für den Anfang.

Best.-Nr. 002 • Preis € 12,-

KOCHEN, RÜHREN, MIXEN TEIL 2

Der zweite Band von unserem Grundkochbuch für die TM21-Benutzer. Rezepte für den Anfang.

Best.-Nr. 003 • Preis € 12,-

FRISCHE KÜCHE

Hier Ausgabe für TM21. Schnelle, leichte und ge müsereiche Kost. Viele Rezepte für den Gar aufsatz.

Best.-Nr. 017 • Preis € 12,

KOCHEN, DÜNSTEN, GAREN

Rezeptbuch für den Garaufsatz. Komplette Menüs, viele Suppen, Soßen, Aufläufe und Hauptgerichte.

Best.-Nr. 004 • Preis € 12,-

GETRÄNKE & BROTAUFSTRICHE

50 alkoholfreie Getränke, 50 süße und herzhafte Aufstriche. Zum Selbermachen.

Best.-Nr. 005 • Preis € 12,-

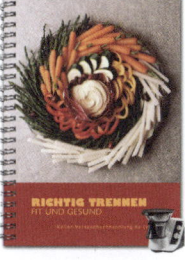

RICHTIG TRENNEN

Ein Trennkostbuch für TM21-Benutzer. 111 erprobte Rezepte mit Nährwerten und Trennkost-Kennzeichnung.

Best.-Nr. 006 • Preis € 12,-

JAHRESZEITEN

Hier Ausgabe für den TM21. Kochen mit den Jahreszeiten. Mit den ja reszeitüblichen Zutaten.

Best.-Nr. 018 • Preis € 12,

FLEISCHLOSE TAGE TEIL 1

100 Vollwertrezepte mit Nährwertangaben. Bratlinge, vollwertiges Frühstück, Vollwertbäckerei, Suppen und Hauptgerichte.

Best.-Nr. 007 • Preis € 12,-

FLEISCHLOSE TAGE TEIL 2

Kochbuch für Allergiker. Glutenfreie Rezepte, mit Reis, Mais und Buchweizen. Und für Milcheiweißallergiker Rezepte mit Tofu und Soja.

Best.-Nr. 008 • Preis € 12,-

TORTENBUCH

100 erprobte Tortenrezepte, Schritt für Schritt geschrieben, dass alles sicher gelingt. Zaubern Sie perfekte Torte zu jedem Anlass.

Best.-Nr. 009 • Preis € 12,-

Neue Backideen - für den Thermomix!

Sie finden in diesem Buch eine Vielfalt an neuen Backideen und Anregungen für Brot, Brötchen, herzhaftes Gebäck, pikante und süße Muffins, Kuchen und Torten sowie süßes Weihnachtsgebäck.

Selbstgemachte Kuchen und Kekse - liebevoll gebacken - sind ideale Geschenke für jeden Anlass! Alle Rezepte sind mehrmals erprobt und mit viel Hingabe zum Detail von Gabi Wolpensinger fotografiert. Wichtige Schritte wurden in Bildern festgehalten. In den Rezepten finden Sie alle notwendigen Angaben wie Zeit und Stufe für die Zubereitung mit dem Thermomix.

Kapitelübersicht: Brot, Brötchen, Herzhaftes Gebäck, süßes Kleingebäck, Muffins süß & pikant, Kuchen & Tarten, Rührkuchen, Torten, Plätzchen und Weihnachtsgebäck.

In unserem Shop finden Sie das Inhaltsverzeichnis und die Musterseiten.

In unseren Rezepten finden Sie alle nötigen Informationen.

Übersichtlicher Schritt-für-Schritt Rezeptaufbau

Angabe der Zeit, Stufe und Temperatur

Nährwert- und Energie-werte

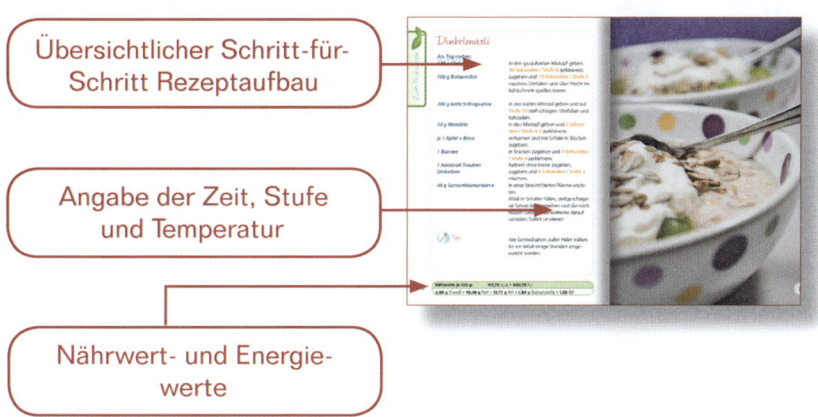

Das bieten wir an:

- Kochbücher für Thermomix® TM31 oder TM21.

- In den Rezepten sind alle notwendige Angaben für die Zubereitung im Thermomix angegeben (Stufe, Temperatur und Zeit).

- Alle Bücher sind als praktisches Ringbuch im A5-Format gebunden und lassen sich dank der stabilen Spiralbindung um 360° umklappen.

- Viele Bücher beinhalten Nährwerte, damit Sie die Punkte mit dem Kalkulator selbst ausrechnen können.

- Die neuesten Bücher haben hochwertige Fotos zu jedem Rezept.

- Inhaltsverzeichnisse und Musterseiten zum Blättern in unserem Internetshop.

KÜCHENHILFEN AUS SILIKON

Wir bieten viele Küchenhilen aus Silikon,
hitzebeständig bis 260°C und spülmaschi-
nengeeignet. Leicht zu reinigen. Lieferbar
in mehreren Farben.

BESCHICHTETE BACKFORMEN

Ideal zum Abbacken knuspriger Brötchen
und Baguettes.

DEKORATIVER HALTER FÜR MUFFINS

Eine sehr schöne Idee fürs Servieren von Muffins und
Cupcakes. Wunderschön auf dem Tisch. Ein Muss für
jeden Kindergeburtstag.

PRAKTISCHE SCHNEIDEBRETTER

Anti-rutschfeste Schneidebretter in verschiedenen Farben. Der beste Schutz für
Ihre Messer.

VERSCHIEDENE BACKFORMEN

Wir bieten eine Auswahl an verschiedenen Backfor-
men mit langlebiger Beschichtung an.